محمد محمود يوسف

قراءة في كتابات هيرمان هيسى

(الجزء الأول)

AuthorHouse™
1663 Liberty Drive
Bloomington, IN 47403
www.authorhouse.com
Phone: 1-800-839-8640

Published by AuthorHouse   05/30/2012

ISBN: 978-1-4685-8339-7 (sc)
ISBN: 978-1-4685-8340-3 (e)

Any people depicted in stock imagery provided by Thinkstock are models, and such images are being used for illustrative purposes only.
Certain stock imagery © Thinkstock.

This book is printed on acid-free paper.

Because of the dynamic nature of the Internet, any web addresses or links contained in this book may have changed since publication and may no longer be valid. The views expressed in this work are solely those of the author and do not necessarily reflect the views of the publisher, and the publisher hereby disclaims any responsibility for them.

أصحاب الشجاعة والشخصية القوية دائما ما يبدون أشرارا للآخرين.

لم تصبح الجنة جنة إلا بعد أن طُرِدنا منها.

يتغير كل شيء قليلا بمجرد أن يتم قوله.

دون كلمات أو كتابة أو كتب لم يكن ليوجد شيء اسمه تاريخ، ولم يكن ليوجد مبدأ الإنسانية.

هيرمان هيسى

محمد محمود يوسف

فهرسة

فصل 1

تقديم

عليك أن تجرب المستحيل لتصل إلى الممكن.
هيرمان هسى

في هذا الكتاب (الجزء الأول) نتناول مؤلفات الكاتب الأتية :
"بيتر كاملسلد"[1] و "اذا استمرت الحرب"[2] و "هائم ...متجول"[3] و
"ديميان" [4] و "تحت العجلة"[5] وبشئ من الاسهاب كتابه "سيدهارثا"[6]
. وبإذن الله سنتناول كتابيه "لعبة الكرات الزجاجية"[7] و " نَرْجِس و
قولدمند"[8] في كتاب أخر(الجزء الثاني).

هيرمان هيسى من أسرة مسيحية إنشقلت بالتبشير وترعرع في
جو فكرى ومنذ طفولته بدأت مواهبه في الرسم والشعر تبرز. ولد في
كالو(ورتمبرغ) بألمانيا في 2 يوليو 1877 وتوفي في مونتانيولا تيسن
بسويسرا في 9 أغسطس 1962. عاش بداية شبابه مع عائلته المحافظة
وجوها المدافع عن البروتستانتية بشكل مفرط؛ وكان هذا السبب الذي

دفعه للهرب والاستقلال عن السلطة العائلية والاعتماد على نفسه والإنخراط في مجال العمل وبشكل قاسي، حيث بدأ عمله كساعاتي ومن ثم إلى بائع كتب في مكتبة ومن ثم إتخذ التأليف والكتابة منهج في حياته وعمله وتزوج ثلاث مرات.تضمنا سيرة ذاتية مختصرة للكاتب تحت ملاحظات[9] .من أشهر رواياته هي "لعبة الكريات الزجاجية " وهي غزيرة وذات أسلوب صوفي ثقيل الشرح.

رغم أن توجهه الأدبي في بادئ الأمر كان يتوجه إلى الشعر إلا أنه في ما بعد ألف روايات فلسفية عديدة ومتنوعة؛ وكان يغلب على بعض الروايات طابع التفكير العقائدي المتشكك مثل رواية دميان؛ وحصل على جائزة نوبل في الأدب بروايته "لعبة الكريات الزجاجية " عام 1946.

في خريف عام 1898 أصدر اول كتاب له إحتوى على قصائد بعنوان "الأغاني الرومانسية" وفي صيف عام 1899 مجموعة من النثر بعنوان "الساعة الواحدة بعد منتصف الليل" ولم تجد رواجا يذكر. كرس نفسه للكتابة بعد نشر كتاب بعنوان (بيتر كاملسلد) [1] عام 1919. انتقل هيرمان هسى إلى سويسرا بعد معارضته لالمانيا وتسليحها في الحرب العالمية الاولي. خلال الحرب العالمية الأولى, عاش هيرمان هسى في سويسرا المحايدة. وكتب واستنكر النزعة العسكرية والنزعة

القومية,وحرر مجلة عن أسرى الحرب والمعتقلين. اصبح مقيما دائما في سويسرا عام 1919, ومواطنا عام 1923, وأقام في بلدة مونتاقنولا.

اهتمامه بالموسيقى و نظريات التحليل النفسي(10) و التفكير الشرقي كان له أثر بالغ فى شخصيته. فخلال رواياته وشعره نقل فكرته الرئيسية والتى تتناول خروج الانسان من أنماط الحضارة المؤسسة لأئجاد روحه الجوهرية مع مناشدته لتحقيق الذات واحتضانه للتصوف الشرقي. اشمئزازه من التعليم التقليدي عبر عنه في كتابه "تحت العجلة"(5) متناولا قصة طالب ذكى ونشط انقاد الى الدمار الذاتي.

إن كتاباته لمأساة درامية تعكس تجربة إنسانية في حقبة معينة من تاريخ البشرية وهنا يكمن السر في عبقرية كاتبنا. السر الذى يصاحب الكتابات الخلاقة فيجعلها في توهج عبر السنين وهو الذي يجمع بين أناس غدوا بعد رحيلهم أشبه بالأساطير.

زيارته للهند في وقت لاحق تمخضت بروايته سيدهارثا , وهي رواية تستند إلى بداية حياة بوذا. الكتاب يتناول قصة ابن تمرد ضد ابيه (احد افراد طبقة الكهنوت العليا عند الهندوس) والعادات والتقاليد المحكومة بالطريقة البراهمان(11) *الإله الهندوسى* . وفي نهاية المطاف وأخر إنتاج له كان "لعبة الكريات الزجاجية " وهي *حكاية خلابة عن تعقيدات الحياة الحديثة* والكلاسيكية في الأدب الحديث حيث أتم و حقق ماكان يصبو اليه.وبهذا الإنتاج الأخير فاز هرمان هيسى بجائزة

نوبل في الأدب عام 1946. ومات في سويسرا منفاه الإختيارى في عام 1962. اعتراضاته ومواقفه ضد الحرب انعكست فى كتابه "اذا استمرت الحرب". وكتب عن نفسه "إيماني السياسي هو ديموقراطي ونظرتى للعالم نظرة فردانية". يعنى نظرتة الإجتماعية بتفضيل حرية الفرد على سيطرة الدولة أو السيطرة الجماعية. وفى كتابه هذا خاطب اصدقائه بعد اتهامهم له بالخيانة للوطن وقال لهم " أيها الأصدقاء ليس بهذة اللهجة" وعدد لهم مساوئ الحرب والدمار الذى سوف تسببه للوطن وماحوله. ناشد المثقفين الألمان ألا يعودوا إلى جدال القومية ، أدت الى وقت لاحق كنقطة تحول كبيرة في حياته. للمرة الأولى وجد نفسه محاطاً بصراع سياسي عنيف في الصحافة الألمانية بالاعتداء عليه، والكراهية واصبح الأصدقاء القدامى أعداء. كتب مخاطبا وزيرا فى الحكومة الألمانية "فى هذه الامسية وبعد عمل شاق طلبت من زوجتى ان تسمعنى سوناتة من بيتهوفن. و مع سماع صوت الموسيقى عدت من عالم الهَرْجُ والمَرْج القلق إلى العالم الحقيقي يعطينا متعة وعذاب, والواقع الذى نعيشه ونعيش من أجله. وقرأت موعظة في السلوك بعبارة أساسية "تقول لاتقتل" . سعادة الوزير بالرغم من هذا لم استطيع النوم واصابنى قلق واضطراب وفجأة تذكرت خطبة لك قلت فيها ان حكومتك تدعو للسلم ولستم دعاة حرب وقتل ولكن لم يحن بعد الوقت للمفاوضات وليس لنا خيار سوى ان نذهب الى شن حرب بشجاعة. السيد الوزير

موسيقى بيتهوفن وكلمات الكتاب المقدس كليهما ماء من نفس النبع اما خطابك و خطاب زملائك الحكام لا ينبعان من ذالك النبع لفقداهما الحب والإنسانية.

كانت رواياته المبكرة تقليدية, ولكن بعد نشر مؤلفه ديميان [4] في عام 1919 (الرواية هي قصة هيرمان هسى في شبابه وقد نشرها اولا بإسم سنكلير كمؤلف وبعنوان "قصة شاب) وهى قصة الشاب الألماني سنكلير في مُقْتَبَلُ البُلوغ تتناول النضج خلال العقد السابق للحرب العالمية الأولى. فإن تحليله يعكس الشعور بالضيق في أوروبا و الأدب الألماني آنذاك. وأدرك سينكلير حقل الخير ممثلا بالرب خشية من والديه واخته الصغيرة البريئة بمعزل عن حقل الشر المظلم , التي يجسدها كرومر فرانز الانتهازي النفعي, وهو أكبر سنا منه, والذى ابتز سنكلير بالكذب و ممارسة السرقة . وأقدم الفتى ديميان وانقذ سينكلير من براثن كرومر واعطاه تصورا جديدا وجعله يغوص في عمق الذات حتى يكتشف جهوده ومصيره وقدرته المتميزة بصرف النظر عن توافق الآراء على العادات والتقاليد . وقد أسقط هيرمان هيسى اضطراب سينكلير كإنعكاس للحالة النفسية المدمرة التى اجتاحت أوروبا قبيل الحرب . وهى دراسة فرودية متاثرة بنظرية سيغموند فرويد [12] صاحب نظرية التَّحْليلُ النَّفْسِيّ مع النتشية لفردرك نتش [13] والذى طور فلسفته في أواخر القرن التاسع عشر المتمركزة على عظمة الفرد. و أصبح هيرمان

5

هسى مبدع طَلْق و مُسْتَحْدِث ومُبْتَكِر و خَلاَّق . تعمقت علاقته مع رومان رولان [14] وهو أديب فرنسي والزملاء مثل برتولت بريشت [15] و هانز كاروساس [16] وأندريه جيد [17] ومارتن بوب [18] وستيفان تسفايغ [19] وغيرهم، ومن الموسيقيين أمثال إدموند فيشر [20] و يوجين تشارلز فرانسيس دعلبيرت [21] .

قال: "لا متعة في الكثير من الأمور وعدم التفكير في الكثير من الأمور التي هي فخر للإنسانية اليوم، وأنا لا أعتقد في التكنولوجيا، لا أعتقد في فكرة التقدم، نعم ولا حتى في الديمقراطية، وأنا لا أعتقد في المجد والتفوق في عصرنا، ولا في أي من قادتهم".

بعد الحرب العالمية الثانية، تناقص إنتاجه وكتب فقط القصص القصيرة والقصائد،. وقد تحول تركيز عمله أكثر فأكثر بهدف أن تصبح المراسلات أكثر وأكثر شمولاً. تلقي حوالي 35 ألف رسالة.

هيرمان هيسى، الذي لم يكن يعرف أنه كان مصابا بال اللوكيميا منذ فترة طويلة، توفي في ليلة 9 اغسطس 1962 في نومه.

الفصل 2

بيتر كامينزيند

"في البدء كانت الأسطورة. الله، في سعيه للتعبير الذاتي، وظّف روح الهندوس،
واليونانيين، والألمان مع الأشكال الشعرية وما زال يوظّف روح كل طفل مع
الشعر كل يوم."

هيرمان هسى

بيتر كامينزيند[1] أول رواية لهرمان هيسه، ونشرت في عام
1904، وتحتوي على عدد من المواضيع التي كانت تشغل بال هيسى في
وقت لاحق ، أبرزها البحث عن هوية الفرد الروحية والمادية في خضم
الخلفيات للطبيعة والحضارة الحديثة ودور الفن في تشكيل الهوية
الشخصية. نمط رواية بيتر كامينزيند هو النمط الذى يطلق عليه إسم
بيلدونجسرومان [2] بالألمانية.

تبدأ الرواية بالعبارة، " في البدء كانت الأسطورة. الله، في سعيه
للتعبير الذاتي، وظّف روح الهندوس، واليونانيين، والألمان مع الأشكال

7

الشعرية وما زال يوظّف روح كل طفل مع الشعر كل يوم." الرواية شاعرية بحتة، وبطلها يطمح إلى أن يصبح شاعرا يستثمر حياة الرجال مع الواقع في أكثر الأشكال جمالا. بيتر كامينزيند يذكرك بسهولة ابطال هسى في رواياته مثل سيدهارتا و جولدموند. مثلهم، عان كثيرا، وخضع للعديد من الرحلات الفكرية والبدنية، والروحية. في رحلاته العديدة بتجربة المناظر الطبيعية المتنوعة في ألمانيا، وإيطاليا، وفرنسا، وسويسرا، وكذلك مجموعة واسعة من المشاعر التي يحملها البشر في مراحل مختلفة من حياتهم. في مرحلة لاحقة من حياته تجسد المثل الأعلى له القديس فرنسيس الذى كان يهتم بالمعوقين. بيتر كامينزيند، في شبابه ترك قريته الجبلية مع طموح كبير لتجربة العالم. يتميز كامينزيند بحب وافر للطبيعة. ولذلك، أمضي الكثير من الوقت في تسلق الجبال والتجول وهو في سن العاشرة. وهذه من خصال كاتبنا هيسى الذي كان معجبا بالطبيعة.

الطفولة والبلدة نيميكون

يبداء كامينزيند قصته حينما كان طفلا في قريته الصغيرة الجبلية "نيميكون". قال" كطفل كنت لا أعرف أي أسماء للبحيرة والجبال والأنهار حيث نشأت. كنت احدّق إلى بحيرة زرقاء خضراء واسعة ممهدة في الشمس، متلألئ وبأضواء صغيرة وملتفة بهطولات الجبال

وعلي قممها إمتلأت فجواها بالجليد اللامع والشلالات الرقيقة، وفي أسفلها رياض منحدرة مضيئة بها البساتين والاكواخ وماشية جبال الألب الرمادية. البحيرة وارواح الجبال حفرت مفعولها بكل فخر في روحي البرئة الفارغة والملئة بالتوقعات."

القرية *نيميكون* تقع على منحدر ثلاثي تحصره على جانبين من نتوءات صخرة ومن جهة أخرى بالبحيرة. مسار واحد يؤدي إلى دير مجاور، الثاني إلى قرية مجاورة أربعة ونصف ساعات سيرا على الأقدام. غيرها من القرى المجاورة متاخمة للبحيرة. يمكن الوصول إليها بالقوارب. ألاكواخ بنيت من الخشب والإطار بالنمط القديم. نادراً ما يتم بناء منزل جديد ولكن يتم إصلاح المباني القديمة كما يستدعي الحال. إذا عدت إلى القرية بعد غياب طويل سوف تجد كل شيء كما هو دون تغيير يذكر. الرجال المسنون يموتون ليحل محلهم أخرون يسكنون الأكواخ نفسها ويحملون نفس الأسماء وتقريبا جميع السكان، سلالة واحدة و علي الأقل ثلاثة أرباع منهم يندرجون تحت إسم كامينزيند. منزل والد بيتر عليه العبارة التالية: بني هذا البيت فرانسيسكا كامينزيند، في إشارة لا إلى والد بيتر ولكن لسلفه جده. سرد كاتبنا علي لسان بيتر واصفاً سكان القرية "كان لدينا أناس طيبون وسيئون والبارز والمتواضع والقوي والعاجز جنبا إلى جنب مع عدد من الأذكياء وازدهر هناك قليل من الحمقاء و البلهاء. كل هذه الأصناف من البشر

ذو قرابة و تتَزَاوَجَ و تتصارع بعضها البعض تحت سقف واحد. حياتنا كانت مثالا للحياة البشرية بكاملها. لدينا ميل للكآبة. ولكن كنا سعداء أن يكون بيننا مجموعة من البلهاء قدموا لمسة من التغيير وبعض المناسبات للضحك والسخرية. منهم عمي كونراد. كان خبيثاً و مدفوع بروح طموحة يحسده الآخرين. ومع ذلك لا شيء نجح فيه. و لم يستسلم للفشل. وكان شعور والدي تجاه كونراد بين إعجاب واحتقار. كل مشروع جديد لكونراد جعله حافلا بالفضول والإثارة. كونراد جاء بفكرة أول مركب شراعي في قريتنا. عمي قد نسخ الشراع من كليشيه على الخشب. كل القرية صارت تتحدث عن المشروع الجديد لكونراد كامينزيند. وهو حدث لا ينسى والقارب أطلق أخيرا في يوم عاصف في أواخر الصيف. والدي لم يحضر التدشين ، لخوفه من كارثة وشيكة الحدوث ولخيبة أملي لم يسمح لي بالحضور. وكان ابن الخباز *فوسلى* المساعد الوحيد لعمي. القرية بأكملها اجتمعت لمشاهدة المشهد الغير عادي. ابن *فوسلى* جدف الى أن هبت رياح الشاطئ و النسيم جعل الشراع ينتفخ وأبحر القارب بفخر بعيداً. بفخر شاهدنا القارب يختفي حول الجبل وعلى استعداد لإعطاء عمي الذكي الترحاب بانتصاره. عاد القارب في تلك الليلة بدون شراع والبحارة بين الحياة والموت. لفترة طويلة بعد ذلك، كلما كان عمي في عجلة من أمره كان الناس يصرخون إليه: "استخدم اشرعتك، كونراد!" أبى كتم غضبه و

لفترة طويلة كلما صادف عمي اعرب عن اِحْتِقَار له لا يوصف. سادت هذه الحالة إلى أن كونراد جاء لأبي .بمشروع لفرن مضاد للحريق. هذا المشروع انتهى بسخرية لا نهائية على رأس المخترع ، وانتهى إلى تكلفة والدي أربعة تاليرس ولم يجرو أحداً بتذكير والدى بهذه الخسارة."

نهاية فصل الشتاء اقتربت العاصفة (الفون). عاصفة تخلف الدمار. كطفل كان بيتر يكره العاصفة (الفون). ولكن مع صحوة الصبا كان سعيداً ومرحباً بها. أنها رائعة كلما شرعت العاصفة في نضالها الشرس، مليئة بالحياة والحماسة واقتحام وأنين. عندما تخف العاصفة وذوبان الانهيارات الثلجية يبدأ موسم أجمل. ثم رَوْضَة صفراء تفتحت على جميع أطراف الجبل وقمم تغطيها الثلوج والأنهار الجليدية والبحيرة تحولت دافئة زرقا تعكس الشمس وموكب الغيوم.كل هذا كان بالتأكيد كافي لإكمال مرحلة الطفولة، وحتى مدى حياة. كوخ والده به حديقة صغيرة بها الخس والبنجر والكرنب. والدته اضافت في جزء صغير زهور صينية وداليا و حفنة من الشجيرات. أم بيتر كانت دائماً مشغولة وأبيه لايهتم بالمسائل المتعلقة بتربية الأطفال. كان لديه الكثير من العمل للقيام به مثل الاعتناء بعدد قليل من الأشجار المثمرة، وزراعة البطاطا ومحاصيل القش. ولكن كل بضعة أسابيع، في طريق العودة في المساء، يأخذه الآب الى شونة التبن دون كلمة حيث كانت هناك طقوس غريبة من تأديب وتلقى الإبن ضرب وجَلْد وكانت هذه

11

التضحيات على مَذْبَحُ نميسس (الهة الإنتقام عند الإغريق) حتى تغيهم من الكوارث الطبيعية. جمع الإبن بين نقيضين القوة البدنية غير العادية ونفورا قويا بنفس القدر من العمل. والده بذل كل جهد ممكن لجعل ابنه مفيداً ومساعداً له ولكن بيتر لجأ إلى كل حيلة ممكنة للتهرب من المهام المفروضة. كان بيتر لا يحب أكثر من التجوال بالجبال والمروج أو على طول البحيرة. جبال وبحيرة والعاصفة والشمس كانت من رفاقه. كانت الغيوم له أعز من اي شيء على الطلاق.الغيم راحة للعين ونعمة وهِبة من الله؛ وأنها تحتوي أيضا على الغضب وقوة الموت. هي رقيقة كأرواح الأطفال حديثي الولادة، جميلة وغنية مثل الملائكة مع ذلك كئيبة لا مفر منها قاسية بلا رحمه كرسول الموت. هكذا حب بيتر الغيوم في طفولته.

يسرد لنا بيتر كامينزيند قصته حينما بلغ سن العاشرة وسمح له بتسلق أول جبل ، سينالبستوك، في سفحه تقع قرية نيميكون. "للمرة الأولى أبصر الإرهاب والجمال من الجبال. الوديان مملوءة بالجليد والثلوج الذائبة والأنهار الجليدية تفوق الخيال. و مشاهدة السماء واسعة أعلاه و أفق لا حدود لها. وأشاد من رافقتهم عندما وصلنا على قمة الجبل المثلج بحماسي للتسلق. وكان ذلك اليوم البداية. اصطحبت الرجال في رحلات تسلق الجبال عدة مرات وأنا اخترق السر العظيم للمرتفعات. ثم صرت راعي ماعز واجوب المنحدرات والمناظر الخلابة.

يمكن أن أرى القرية من هناك خلال قطاع ضيق، وميض من البحيرة عبر الصخور والزهور بالألوان المختلفة، والسماء الزرقاء معلقة مثل مظلة فوق قمم حادة و رَنَّة اجراس الماعز تختلط بهدير شلال قريب. و أنا في انبهار وغير مكترث بالماعز اذ إحدهما حادت عن السرب و توفت. جريت بعيداً عن المنزل ولكن قبضت وسط لعنات و اِمْتِعاض."

الدراسة

كان والده أحياناً يقوم ببعض الاعمال القليلة للدير في ويلسدورف و في يوم أمر بيتر بإخطار الدير أنه لا يستطيع أن يأتي. بدلاً من الذهاب إلى الدير نفسه إستعار قلم وورق من جاره، وكتب رسالة مهذبة للرهبان، وانطلق إلى الجبال.

الأسبوع التالي عندما عاد وجد قس يجلس في انتظار الشخص الذي قد كتب الرسالة. أشاد به الكاهن وحاول إقناع والده أن يسمح له أن يكون طالبا. كونراد العم فرح بفكرة الدراسة وفي نهاية المطاف حضور الجامعة ليصبح باحث ورجل نبيل. بدأ بيتر فترة من الدراسة المكثفة ولا سيما في علم النبات واللاتيني والكتاب المقدس و التاريخ والجغرافيا. في ذلك الوقت استمتع بالدراسة. ولكن لاحقا تهرب من العمل كلما أمكن ذلك، والذهاب إلى الجبال أو بحيرة أو الى منحدر للقراءة والحلم والتكاسل وتقضية الوقت. وهنا سرد بيتر الأتى عن

والديه:"أمي كانت جميلة، مستقيمة الإطار وعيون داكنة حية. طويلة القامة ونشطة وهادئة. كانت ذكية مثل أبي وأقوى. ولكنها تركت شؤون البيت في يد أبي. كان أبي متوسط الطول مع أطراف رقيقة ورأس عنيدة وخبيث ووجه مصطف بتجاعيد معبرة. ويمكنك الكشف عن نزعة معينة من الكآبة فيه ولكن لا أحد يهتم لذلك إذ جل الناس في منطقتنا كانوا ضحايا لظروف قاسية والناجمة عن الإخطار القاسية وشتاء طويل والعزلة عن العالم الخارجي و الكفاح من أجل البقاء على قيد الحياة. قد ورثت سمات هامة من كلا والدي. حكمه دنيوية متواضعة وثقة بالله و هادئ التصرف من والدتي. ومن والدي الشك وعدم القدرة على التعامل مع المال وشرب الخمور بشراهه. وشرب الخمور جاء لاحقا في حياتي. ورثت من والدي خاصة وأبناء قريتنا عموما براعة ودهاء الفلاحين وأيضا الكآبة. ولما كان مصيري لسنوات عديدة لجعل طريقي بعيداً عن الوطن وبين الغرباء، كنت أفضل أن اكون اكثر سعادة وانا اجهز لرحلاتي. مزود بهذه الصفات المميزة ومجموعة جديدة من الملابس، بدأت رحلتي في الحياة."

أكمل بيتر مرحلة التعليم التحضيري في المدرسة المعتادة وتقرر له أن يصبح عالم بفقه اللغة لا أحد يعرف تماما لماذا. ولم يكن ميالا لهذا النوع من الدراسة. مرت سنوات المدرسة بسرعة. "بيتر كامينزيند،"

قال له أستاذ اليونانية، "أنت عنيد ومتعنت وربما يوما ما سوف تكسر عنقك". أخذ نظرة فاحصة للاستاذ ووجده مسليا.

' بيتر كامينزيند، "لاحظ مدرس الرياضيات،" أنت عبقري عندما يتعلق الأمر بإضاعة الوقت، ويؤسفني أن أدنى علامة يمكن أن اعطيك إياه هى صفر. تقديري أن واجبك المدرسى اليوم يستحق ناقص اثنين ونصف. " حدق به بيتر ووجده مملا جداً.

وقال له أستاذ تاريخ "بيتر كامينزيند يمكن أن تكون مؤرخاً جيدا. أنت كسول ولكن يمكنك معرفة كيفية التفريق بين الأشياء الهامة والتافهة. "

حتى هذا التعليق من استاذ التاريخ لم تبدو له كصفة استثنائية هامة. ومع ذلك كان يحترم المعلمين لأنه أعتقد أنه كان في حوزهم سر من أسرار العلم والعلوم. ورغم أن المعلمين كانو على اتفاق حول كسله، تمكن من إحراز بعض التقدم. وفي الواقع كان يعتقد أن المدرسة والعلوم المدرسية غير كافية.

ما وراء هذه الأعمال التحضيرية والتحسس هناك عالم الفكر الخالص وعلم الحقيقة. عندما يصل الى هذا المجال سوف يكتشف معنى الالتباس المظلم من التاريخ، وحروب الأمم، وألاسئلة المخيفة التى تقلق كل نفس.

اشتاق بيتر إلى صديق. كان هناك هاوري كاسبار، اسمر الشعر وعقلية جادة يكبره بعامين ولا يتحدث سوى القليل لزملائه.تابعه لمدة

أشهر حتى وجد فرصة سانحة للتحدث معه. لكنه لم يهتم به. وبدلاً من ذلك كان صبي تافه أراد مصاحبته دون أي تشجيع من بيتر. كان أصغر سنا ، خجول وليس له موهبة ولكن لديه عيون حزينة جميلة. كان ضعيفا وتعرض للكثير من البلطجة من زملائه وكان يهفو لصداقة بيتر لحمايته وسرعان ما أصبح مريضا جداً وترك المدرسة. لم يفتقده بيتر وسرعان ما نساه تماما. واكتسب صداقة أحد زملائه في الصف كان موسيقى و مهرج. زاره في غرفته، وقرأ عدد من الكتب معه، وساعده في واجب اليونانية، وفي المقابل ساعده في الرياضيات. كان صديقه هذا مغرما بتقليد اصوات المعلمين وصدفه بيتر يوما يمارس هوايته هذه حينما انتقل لقراءة أسطر قليلة من هوميروس مقلدا صوت بيتر بطريقة مضحكة للغاية. غضب بيتر وأعطاه صفعة في وجهة. مباشرة بعد ذلك بدأ الدرس، ولاحظ المعلم دموع صديقه وأثر الصفعة.

"من فعل ذلك لك؟"

"كامينزيند."

"كامينزيند، اقف. هل هذا صحيح؟ "

"نعم، سيدي الرئيس."

"لماذا صفعته؟ ألديك سبب؟"

"لا، سيدي الرئيس."

عوقب بيتر بالجلد وبعد العقوبة مد لسانه نحو صديقه بتهكم.

راءه المعلم وقال له . "ألست تخجل من نفسك؟ ما هو معنى هذا؟ "
" أنه جرذ وجبان وأنا احتقره ". رد بيتر.
وهكذا انتهت الصداقة. وأنه أجبر على أن يقضي فترة المراهقة بدون صديق.

مرحلة الشباب

في السبعة عشر من عمره وقع في حب ابنة أحد المحامين. وكان فخورا أنه وقع في غرام المرأة الجميلة جداً. وكان اسمها جيرتنر روزى.

في ذلك الوقت، انفجرت حيوية الشباب من خلاله. مع زملاء الدراسة كان عنيفاً. وكان فخوراً أن يكون أفضل مصارع وعداء، وبارع في التجذيف ومع ذلك شعر بالكآبة. أنها مجرد أن الكآبة الحلوة في بداية الربيع التي أثرت في نفسه بشدة أكثر من غيرها، حيث استمد السرور من رؤيته الحزينة للموت والتشاؤم. وتحصل على "كتاب الأغاني" ل *هاينه* الشاعر، في طبعة رخيصة. ما فعله مع هذا الكتاب ليس حقا القراءة وإنما تدفق ابيات الشعر فارغة وعان مع الشاعر وألف قصائد معه ودخل في نشوةً. وحتى ذلك الوقت لم يكن لديه أي فكرة عن "الأدب." الآن تبع ذلك في تعاقب سريع لينو و شيلر وغوته، وشكسبير؛ فجأة أصبحت فانتوم الأدب ألهه.

أصبح مُنْجَذِبا تجاه هذه الكتب وعاش في عالم شكسبير وغوته واكتشف و أدرك أن عمق تاريخ العالم ومعجزة الأقوياء ومن خلال قوة العقل تجعل حياتنا البسيطة إلى عالم المصير والخلود. عندما يمد رأسه خلال النافذة حيث كان يقراء , يرى الشمس مشرقة على الأسطح وفي زقاق ضيق. باستغراب يستمع إلى ضوضاء صغيرة متداخلة ومعقدة من العمل. وقد لمس الشعور بالوحدة. مع بعض الحرج بدأ يكتب بعض القصائد ، وتدريجيا عمل دفاتر ملاحظات عدة مليئة بالشعر والرسوم التخطيطية والقصص القصيرة. ضاع كل هذا الجهد ربما كان ذا قيمة قليلة ولكن ملأته بالنشوة. عندما تحصل على بعض كتب غوتفريد كيلر، قرأها فورا اثنين أو ثلاث مرات على التوالي. ثم فجأة أدركت مدى بعده من الفن الحقيقي. أحرق ماكان له من قصائد وقصص.

ونظراً لتأثير الأم يعتقد أن الجنس النسائي جنس غريب و جميل وغامض، ومتفوق على الرجل بموجب الجمال الخلقي والثبات الشخصي والجنس الذي يجب أن نقدسه. أجل، مثل النجوم ومرتفعات الجبال الزرقاء، والبعيدة عن الرجال يبدو أكثر قربا إلى الله.

حبه نحو جيرتنر روسي حب رومانسي وكان أثناء عطلاته المدرسية يتسلق قمم الجبال على شرفها وقام برحلات طويلة دون طعام وشراب حتى ساعات المساء، كلها من أجل روزى جيرتنر. في اليوم الأخير من العطلة، ذهب إلى المنحدرات الخطرة واختار "زهورجبال

الألب،" التي تنمو على هاوية حادة ومن الصعوبة الوصول اليها ولكن حبه دفعه بنجاح الى اجتياز الصعوبات. حمل باقة الزهور الى حيث منزل حبيبته وتركها على الدرج عند المدخل.

بدأ بيتر مرحلة شبابه عندما اندرج للدراسة في جامعة زيوريخ وإمكانية جولة تعليمية في أوروبا. كل هذا بدأ له كصورة كلاسيكية جميلة. في السنة الاخيرة في المدرسة تناول دراسة الإيطالية، وتعرف لأول مرة بكُتاب إيطاليا القُدامة. كانت تجربة مريره وصدمة له حينما أتى في عطلته المدرسية ووجد أمه طريحة الفراش. أبلغه والده أنه وعلى الرغم من أنه ليس له اعتراض على دراسته، لا يمكنه من مساعدتة ماليا. كان والده غاضبا وقاسيا من أي وقت مضى.

في صباح صيف حار كان في طريقه إلى المطبخ لشرب الماء سمع أنين والدته. ذهب إلى سريرها ووجدها تحتضر. ركع إلى أسفل بجانبها لمدة ساعتين وشاهدها تموت. رافقت افكاره روح والدته حول المنزل والقرية والبحيرة وقمم تغطيها الثلوج في حرية في صباح باكر و سماء نقية. شعر بحزن والدموع تسيل بدون توقف. هكذا فقد بيتر والدته.

في إحدى الامسيات وقبل سفره اصطحب والده الى حانة. كانت هذه المرة الأولى التي يدخل فيها حانة وان كان قد شرب النبيذ من قبل. والده كان شرب الخمر بشراهه. وشرح له انواع الخمور وكيفية احتساءها. وعادا الي المنزل ثملين.

مع ريتشارد وإرنينيا

وصل في زيوريخ، جاهز لغزو قطعة من العالم ويثبت بأسرع ما يمكن أنه مختلف من كامينزيندس. لمدة ثلاث سنوات رائعة كتب قصائد وأحس بنفس مفعمة بكل ما هو جميل على الأرض. على الرغم من أنه لم يحظي بوجبة ساخنة سوى مرة في الأسبوع. كل يوم وفي كل ليلة يغني ويضحك. اعجبته المدينه.

تعرف علي زميل شاب وسيم كان يسكن في غرفتين في الطابق الثاني وكان أيضا طالبا في زيوريخ وكان يعزف على البيانو كل يوم وشَعر للمرة الأولى بشيء من سحر الموسيقى. في أمسية من الامسيات جاء الي بيتر وسأله إذا كان يرغب في عزف بعض الموسيقى معه. وقال له بيتر أنه فيما عدا اليُودِيلْ لا يعرف من الفن شيئا. إقترح عليه أن يذهبا لنزهة في مكان ما في المساء. مجرد السير و الحديث قليلاً وأن يتسلقا بعض الجبال وثم يمكنه ممارست اليُودِيلْ. وافق بيتر بسرعة وذهبا إلى شقته الكبيرة. ريتشارد جلس على البيانو وعزف بعض المقطوعات الموسيقية *لفاغنر*. وكان بيتر لا يعرف شيئا عن *فاغنر* والموسيقة عموما ولكنه اعجب بعزف صديقه الجديد ريتشارد.

وفي اليوم التالي ذهبا إلى الجبال. لسماع اليوديل. ابدع بيتر وجاء الرد على اليُودِيلْ من مسافات بعيدة خلال الجبال والوديان لراع.

أصبح يدرك للمرة الأولى في حياته البهجة الدائمة جنبا إلى جنب مع صديق له، وهو يحدق إلى آفاق بعيدة من الحياة. قال له ريتشارد "أنت شاعر". استغرب منه وقال له "أنا لست بشاعر. وفي الواقع كتبت قليلا عندما كنت في المدرسة، ولكن لم أكتب أي شيء لمدة طويلة وقد أحرقت ما كتبت."

"هل بها كثير من نيتشه."

"من هو نيتشه؟" سأله بيتر.

"نيتشه؟ يا إلهي، وهنا زميل لا يعرف نيتشه"

"في سنة أو نحو ذلك ستعرف كل شيء عن نيتشه وأكثر، وأفضل مني لأنك أكثر شمولاً وأكثر إشراقا مني. أنت لا تعرف نيتشه وفاغنر ولكن تتسلق الجبال ولديك وجها متين جبلي. ولا شك على الإطلاق أنك شاعر."

بواسطه ريتشارد تعرف على الطلاب والموسيقيين والرسامين و الكتاب والأجانب من جميع الأنواع. إقتنى بيتر عدة كتب في شتى الفروع مثل الفلسفة والشعر والنقد في طبعات مقترضة، وكثيراً ما تكون باهظة الثمن و المجلات الأدبية للعرض والنقد من ألمانيا وفرنسا والروايات الجديدة من باريس وفينا. قراءها بسرعة ولكنه كان معظم تركيزه للروائيين الإيطاليين و الدراسات التاريخية. قرأ المصادر والدراسات حول

أواخر العصور الوسطى في إيطاليا وفرنسا، وفي هذه القراءة تعرف على القديس "فرانسيس اسيسى".

ريتشارد و بيتر كانا في زيارة لمعرض صغير من اللوحات الجديدة وتوقف ريتشارد أمام صورة لجبل مع عدد قليل من الماعز على منحدر. سأله ريتشارد ما الذى اجتذبه إلى الصورة. قال "هذا" مشيراً إلى التوقيع في الزاوية. واردف قائلا "ولكن المرأة التي رسمتها أكثر جمالا من الصورة. اسمها أجليتي وإذا أردت يمكننا زيارتها ". وبعد عدة اسابيع ذهبا لزيارتها في الاستوديو. تعرف بيتر على أجليتي وكانت بداية علاقة حميمة.

حدث شيء غير حياة بيتر اذ أصبح كاتباً .بمساعدة صديقه ريتشارد. كان بيتر قد كتب بعض المقالات عن المواضيع الأدبية والتاريخية. جاء ريتشارد اليه يوما يحمل بعض النقود ومقالة في بعض الصحف من مقالاته كان ريتشارد نسخها من مخطوطاته وباعها إلى صديق محرر بالصحيفة والذى اعجب بالمقالات. وفي وقت لاحق طلب منه المزيد للنشر. وهكذا اصبح بيتر كاتبا وعلاوة على ذلك اصبح علي طريق حل ضائقته المالية.

لم يعتقد أنه شاعر ولكن يصبو لكي ينجز عملا أدبيا عظيم. قد نسي الفتاة أجليتي الآن بعد أن أصبح كاتبا. ولكن ارسلت رسالة دعته فيها لتناول الشاي وأن يصتحب صديقه معه. ذهبا ووجدا هناك زمرة

صغيرة من الفنانين. كان بيتر في غاية الجوع فالتهم كثيرا من شطائر ولحم الخنزير ولاحظه المدعوون وضحكوا منه. فغضب بيتر وعزم على المغادرة لولا أجليتي التي توسلت له بالبقاء. حينما بدأ عزف الموسيقيين جاءت ارمينيا وجلست إلى جانبه. حدق بدهشة في ارمينيا إمرأة هيفاء أنيقة الجمال ثم عادت أفكاره الي جيرتنر روسي. وعندما انتهت الموسيقى هنأته بمقالاته في الصحيفة. ومزحت عن ريتشارد، الذي كان محاطاً بالفتيات. وطلبت منه ان يجلس لها لكي ترسمه فوافق وواصلا الحديث باللغة الإيطالية لغتها. واتفقا أن يأتي ويجلس لها في اليوم التالي. وفي الطريق وجد حانة وشرب من النبيذ ووصل سكرانا المنزل. وفي اليوم التالي بدأ *لارنيلنيا* كالمريض. غلبه التعب فنام في استوديو ارنينيا أجليتي بضعة ساعات.

بدأ حبه يزداد لها مع مرور الوقت وكان قلبه في حالة مستمرة من عذاب وقد لا يدوم لفترة طويلة. بعض أصدقائها من الفنانين التقيا في حديقة جميلة بجانب البحيرة في أمسية منتصف الصيف. وكان قد وعدها باصطحابها في قارب. ووصلا إلى زورق التجديف. وسرد لنا بيتر رحلة الزورق عبر البحيرة وشعوره نحو حبيبته "البحيرة كانت هادئة وعديمة اللون كالليل. أنا مجذف القارب على رقعة هادئة بينما أحدق باهتمام في امرأة هيفاء تميل إلى الخلف في شكل مريح. حينما اسودت السماء تدريجيا وتلألأت نجمة تلو الأخرى في انحسار الزرقاء و أصوات

الموسيقى والناس على الشاطئ جنحت لنا. وقد نسيت ماحولي عدا رفيقتي وافكاري لإعلان حبي ولكن كنت مترددا خوفاً ومثل المُخَدَّر بسكون عميق. لم نتحدث و أنا أجذف بجد ما أستطعت."

ولاحقا افضت له بأنها تحب شخصا متزوج وهو يحبها ولا يعرف أيا منهما إذا كان من الممكن العيش معا. يكتبا لبعضهما ، وأحيانا يلتقيا. سألها إذا كان هذا الحب يجعلها سعيدةً أو بائسة، أو كليهما. قالت له الحب ليس ليجعلنا سعداء. وإنما كان موجوداً لبين لنا كم يمكن أن نتحمل.

وسط الارتباك والألم يغلي داخله شعر بالعرق ينهمر من وجهه. عندما وصلا الى الشاطئ ولدهشة ارمينيا غادر لتوه مكان الحفل يندب حظه التعس في الحب. ولجاء لشرب الخمر عله يهرب من مأساته.

تدريجيا اصبح بيتر يشرب أقل حينما يكون لوحده. وحينما يكون مع بعض الناس النبيذ يؤثر فيه بصورة مختلفة اذ اصبح حادا مما جلب له السخرية من رفاقه.

خلال هذا الوقت كتب عددا من ملامح المجتمع والثقافة والفن المعاصر مما مكنه كتابة كتابا صغيرا حول هذه المواضيع. هذا الكتاب ساعده لكي يصبح مساهما في واحدة من أكبر الصحف وما يكفي من المال للعيش.

منذ اعجابه وحبه لارمينيا قد أهمل ريتشارد. وبدأ يشعر بالذنب. اعترف له بكل شيء. وجددت الصداقة بينهما.جاء الوقت لكي يغادر ريتشارد الى بلدته ودعا بيتر لكي يرافقه كدليل في شمال إيطاليا قبل أن يغادر الى بلدته. ابتهج بيتر إذ تحقق حلمه منذ الصبى.

جلسا في عربة قطار والتلال والحقول الخضراء اِنْطَوَت الى ما وراء وبحيرة أورنير، وممر سانت جوتهارد، ثم القرى الجبلية والانهار الصغيرة والمنحدرات المتناثرة وقمم تغطيها الثلوج في كانتون تيسان، ومن ثم المنازل الحجرية الداكنة. رحلة مليئة بالتوقعات على طول منطقة البحيرات وعبر سهول الومباردي الخصبة تجاه ميلان. واصلا الرحلة الى المدن الإيطالية ويصف لنا بيتر الرحلة والمدن المختلفة عبر تلالها ومرتفعاتها الخلابة وحدائقها على سفوح التلال. ترك ريتشارد لمدة أسبوع لوحده وذهب الى أومبريا ليتتبع خطوات سانت فرانسيس ثم الى فلورنسا. أسابيع جميلة انزلقت في سلسلة رائعة من تجارب الفرحة ثم دفنت بأقصى سرعة وكأنها شمعة في مهب الريح.

ريتشارد أخذ إجازة في زيوريخ و لم يره مرة أخرى. بعد ذلك بأسبوعين سمع أنه غرق أثناء الاستحمام في نهر صغير في جنوب ألمانيا. حزن على صديقه ولعن الحياة وكاد يصيبه الجنون لفقده أعز صديق.

اوفدته الصحيفة التى عمل بها إلى باريس كمراسل خاص ولكن كما سرد كانت هذه التجربة إضاعة وقت في ذلك المكان الفاسد.

ورأي كل أنواع الأشياء الدنيئة وقد شارك فيها. في خضم ما عانا من إحباطات فكر في الانتحار.

قرر الذهاب إلى بازل وانطلق مشيا على الأقدام وغطي مساحات كبيرة من جنوب فرنسا. وواصل إحتساء النبيذ ووصل بعد شهرين على الأقدام. بداء يشعر بالكآبة. ونصحه الطبيب أن يؤدي حياة إجتماعية أكثر نشاطا بدل العزلة والا فقد التوازن. ونصحه أن يذهب الى البيت الذي كان المركز للعديد من التجمعات وبعض الحياة الأدبية والفكرية. ذهب إلى هناك. اكتشف الناس أنه قضي جزءا كبيرا من الوقت في الحانات وأنه فعلا سكير. حاولوا مساعدته لترك الخمر و شنوا هجوما مهذبا عليه وعلى إدمان الكحول ولكنه رفض وطلب منهم عدم الحديث في هذا الشأن.

مع إليزابيث

في إحدى الحانات قابل إليزابيث وكانت تعزف البيانو. وهو خارج سمع ثَرْثَرَة بين اثنين من الرسامين وقال أحدهم "على الأقل لديه وقتاً طيبا يمزح مع إليزابيث،"، بضحك. و لم يعد لذلك المكان لعدة أشهر.

خلال هذه الشهور رأي إليزابيث مرات قليلة في الشارع، ومرة في أحد المحلات، ومرة في متحف الفن. في المتحف، بدت له جميلة

للغاية. بسرعة وبصمت غادر المتحف خشية أن تأتى وتتحدث معه وتفقد جمالها هكذا صورت له مشاعره المختلطه.

يعزي تعلقه بالنبيذ الى والده ورغم أنه قد خفض إلى حد كبير استهلاك النبيذ إلا إنه بقي غير إجتماعى وركز على حبه للطبيعة. وظل في صراع كيف يجد طريق من حب الطبيعة الي حب البشرية.

جاءت صورة عن إليزابيث الى ذهنه و للمرة الأولى في حياته فكر جديا بالزواج. ومن الغريب كان على علم تماما بالجانب الكوميدي للتحول المفاجئ. ذهب الى البيت الذى قابل به إليزابيث من قبل. التق بها ووجدها جميلة وسعيدة. واستقبلته بكل الود. أحدهم وبطريقة عابره ذكر أن إليزابيث قد أصبحت مخطوبة. هنأها بيتر وتعرف على خطيبها عندما جاء لاصطحابها. بعد ذلك سحقت أماله ثم الحزن واليأس نشر اجنحتها السوداء عليه مرة أخرى. وفي اليوم التالى سافر الى قريته وأراد إعادة النظر في طفولته ومعرفة ما إذا كان والده على قيد الحياة. وجد والده كَبِير السِّن متهالكا. أعطى والده بعض المال وفي المساء ذهبا إلى نزل وشربا النبيذ. وعادا الى المنزل حيث والده استقر في نوم عميق أما بيتر استرجع ايام شبابه وكل آلامه وفشله في الحياة. فكر في والده العجوز وأدرك للمرة الأولى أنه لم يحبه كما ينبغى بل جعل الحياة صعبة له عندما كان صغيراً وتركه وحيداَ بعد وفاة والدته. وهكذا شرع على المهمة الصعبة لمساعدة والده وقَضَى الكثير من الوقت معه و

قرأ القصص له. ولكن لم يفلح باقناعه بشراب النبيذ في المنزل بدلاً من الحانة.

قرر بيتر ترك والده مره اخرى لتلتئم الجراح في أرض أجنبية. وقبل مغادرته أوصى بعض الجيران والرهبان وطلب منهم العناية به.

مع نارديني انونتسياتا

كان قد قرر منذ زمن طويل أن يستفيد من دراسته إذا ذهب وامضى بعض الوقت في اسيسى. اهتمامه بالدراسات التاريخية تم إحياؤها، بدأت روحه الجرحي نحو الشفاء وبناء جسور جديدة للحياة. دخل حيز صداقة عميقة مع بقال إثر محادثات حول سانت فرانسيس. نارديني انونتسياتا مُرَافِقته وعشيقته في ما بعد، عمرها أربعة وثلاثين عاماً أرملة ذو ادب وزوق رائع. كان يطلق عليه إسم بييترو لصعوبة إسمه. نارديني كانك تجلس معه وفي المساء محاطاَ بالجيران والأطفال والقطط والكلاب. وكان بيتر يحكى لهم عن سانت فرانسيس، وقصة بورتيونكولا وكنيسة سانت، وحول سانت كلير والرهبان الفرنسيسكان. الجميع استمع باهتمام و طرحوا أسئلة كثيرة.

كثيرا ما كان يجلس مع نارديني لوحدها وقد عثر على مكان في قلبها. وفي امسية من الامسيات والجمع حوله قص قصه فشله في الحب

وتقلباته في الحياة. نظر اليه الجميع بأسف وتعاطف. ونارديني مسحت على رأسه بلطف.

وقال له أحدهم لابد أن تقع في الحب مرة أخرى.

"لا"، أجاب بيتر.

"أ لا تزال في حالة حب مع ارنينيا؟"

قال لهم "الآن أنا أحب فقط سانت فرانسيس، وأنه قد علمني حب البشرية كلها وجميع الناس من بيروجيا، وجميع هؤلاء الأطفال هنا، ومحب ارنينيا حتى."

اصبح موقفه معقد عندما اكتشف أن نارديني ترغب في تمديد إقامته إلى أجل غير مسمى والزواج بها. ولكن قال إنه يود العودة الى دياره. لو لا أزمة مالية كان بقي وتزوج نارديني. ولكن حقا كان له رغبة في رؤية إليزابيث مرة أخرى لان حزنه عليها لم يلتئم.

وصل إلى بازل في الوقت المناسب لحضور أمسية في بيت إليزابيث. قد تزوجت في غيابه. لا يزال يعتقد أن المرأة تكون فرحة لعذاب الرجال الذين يقعون في الحب معهن.

شرينير وعائلته و بوبي

ذهب لرؤية نجار، وطلب منه الحضور لأخذ قياسات لخزانة كتب. جاء النجار وبينما هو في عمله لاحظ قاموس جيب للغات عامية

محمد محمود يوسف

و نظر الى بيتر نظرة غريبة. وبعد ذلك سأله "ما هي المسألة؟" قال النجار "أعرف هذا ألكتاب. هل أنت حقا درسته؟ " اجاب بيتر "لقد درسته عندما كنت على الطريق،". واتضح له أن هذا النجار له نفس هواية التجوال. فدعى النجار على كوب من النبيذ والتحدث حول التجوال. ولكن النجار دعاه لى منزله بعد العمل. وذهب بيتر لزيارته. ورشته كانت مغلقة وتعثر عبر الأروقة القاتمة وفناء، وقفز لأعلى وأسفل الدرج الخلفي عدة مرات قبل البحث عن علامة على باب باسمه. عند الدخول مباشرة في مطبخ صغير حيث كانت امرأة تعد العشاء وعناية ثلاثة اطفال في الوقت نفسه، حيث أن غرفة ضيقة مليئة بالحياة وقدر كبير من الضجيج. دفعته المرأة الى الغرفة المجاورة حيث جلس النجار يطالع صحيفة. رحب به النجار. أخبره النجار أن إبنته أجي ذات الخمسة سنوات اقتربت من الموت وهو في غاية التعب والاكتئاب.

بدأ النجار في العمل في صنع التابوت لطفلته. وقفوا قبالة سرير أجي وهي في مصارعة الموت. أمها ظلت هادئة وقوية لكن والدها طرح نفسه عبر السرير وأخذ يودعها يقبلها وهي جثة بعد أن أخذها الموت. واصل بيتر تجواله سيرا على الأقدام عبر الغابة السوداء. في فرانكفورت قرر أن يستغرق بضعة أيام إضافية، ومضى الى نورمبرغ وميونيخ، أشافينبورج واو لم.

عند عودته إلى بازل وجد رسالة من ناركليني في اسيسى ومليئة بالأخبار الجيدة. وذكرت أنها ستتزوج ودعته لحضور الزواج. لم يستطع بيتر قبول الدعوة ولكن وعدها بزيارتها في فصل الربيع. ذهب لرؤية النجار. هناك وجد تغييرا كبيرا وغير متوقع. كان يجلس القرفصاء شكل بشع وكان هذا بوبي، شقيق الزوجة، أحدب ومشلول من نصفه. جاء لشقيقته بعد وفاة أمة. الاطفال في حالة خوف والأب ساخط لهذا الوضع. بوبي لا رقبة له ورأسه كبير وجبهته عريضة. ولد بالشلل ولكنه أكمل المدرسة الابتدائية.

عدة مرات، وهو يشعر بالحرج، فكر في الذهاب لرؤية النجار للتحدث معه حول طريقة غير مكلفة لوضع بوبى في مستشفى أو التمريض المنزلي. بعد تردد وبعد عدة أيام ذهب لرؤيتة. مع أحجام كبير سلم على بوبي. والنجار اقترح الذهاب لنزهة. وقال أنه قد سئم هذا البؤس. زوجته أرادت البقاء في البيت، ولكن بوبي طلب منها أن تذهب.

اشتكى النجار من النفقات التي يكبدها من أجل بوبى وضحك أخيرا، قائلا: "حسنا، على الأقل يمكننا أن نسعد لمدة ساعة هنا بدون أن يكدر صفونا بوبى." هذه الكلمات جعلت بيتر يحنو على بوبى العاجز وهو وحيداَ الأن بينما هم يشربون الخمر ويضحكون. ومن ثم تذكر كيف كان يتحدث لجيرانه في اسيسى عن سانت فرانسيس، وقد

تباهى بأنه قد علمه حب البشرية كلها. لماذا درس حياة سانت وحاول أن يتتبع خطاه في تلال *أمبرين* وهاهو الأن يسمح لمخلوق ضعيف وحيداَ يعاني وفي إمكانه مساعدته. شعر بالعار وبدأ يرتعد. فجأة غادر وهرع الي منزل النجار وفي زهنه خوفا من أن يحدث شئ لبوبي: قد يكون هناك حريق. عندما وصل سمع بوبى يغنى. غادر البيت ورجع بعد أن عادت الأسرة. هذه المرة سلم على بوبي دون تردد. جلس بجواره ودخل معه في محادثة عن الكتب وما كان يقرأ. وفي اليوم التالي عندما أحضر له بعض الكتب. وقال له سوف يكون سعيداً للجلوس معه أحياناً ويكون صديقة.

قبل النجار اقتراحه أن المقعد بوبى يصبح مسؤوليتهما المتبادلة، بما فيها النفقة. أول شيء فعله كان شراء بوبي كرسي متحرك ويأخذه كل يوم مع الأطفال. وكانت تلك بداية فترة جيدة وسعيدة في حياته. كان بوبى يحب الطبيعة والحيوانات لذا كان يأخذه إلى حديقة الحيوان.

حدث بوبى عن قصة حياته وحبه والتقلبات التى مرت به. استمع بوبى بتعاطف وأبدا رغبته في رؤية إليزابيث. طلب من إليزابيث أن تقابل بوبى. جاءت إليزابيث بجمالها واناقتها وسلمت على بوبى بلطف وتهذيب. ولم يتكلم بوبي من أي شيء آخر باستثناء إليزابيث باقى اليوم، وأشاد بجمالها و ملابسها وقفازاتها لصفراء و أحذيتها

الخضراء و صوتها وقبعتها الجميلة. قرأ بوبي كثيراً من الكتب اللتى جلبها له بيتر.

لم يكن النجار مرتاحا لهذا الوضع مما جعل بيتر يلجأ الى الحانات وشراب النبيذ. يوما ما اقترح على النجار أن يكون بوبي تماما تحت مسؤليته و بعد تفكير على مدى بضعة أيام أعطى موافقته. وبعد ذلك، انتقل مع صديقه المشلول إلى شقة مستأجرة. استأجر فتاة تأتي في كل يوم لتنظيف الشقة والقيام بالغسيل. واصل بيتر علاقته بإليزابيث ولكن توطيد علاقته ببوبى جعلته يبعد بعض الشئ من زياراتها.

في يوم ما كان بوبي متألما أكثر من المعتاد. ليلا المعاناة من السعال والأنين بهدوء. جلس بجواره لمعرفة سبب آلامه. قال له بوبى أن حالته ليست سيئة فقط يشعربضيق حول القلب عندما يتحرك أو يتنفس. في صباح اليوم التالي استدعى الطبيب. وجد الطبيب قلبه ضعيف وحالته خطيرة. وأمر الطبيب بنقل بوبي إلى المستشفى.

قبل وفاته، ولمدة يومين تحدث فقط عن والدته. كانت تحبه اكثر من جميع أطفالها وبقى معها حتى موتها. وضع يده تحت كتفه الأيسر، ورفعه قليلاً ثم تحول رأسه قليلاً وارتجف ولفظ روحه الطاهرة.

استلم بيتر رسالة من قريته أن الحاله يرثى لها وخاصة مع نزول الجليد وأن والده ليس في أحسن حالاته. وصل بيتر الى قريته.

وكان والده كامينزيند يجلس بائسا وضعيفاً عند الموقد، وامرأة جارته جلبت إليه الحليب وتوبخه للكف عن اعماله الشريرة. نظر والده اليه وقال لها بيتر قد عاد. بدأ والده ضعيفا للغايه. أيام والده في شرب الخمر انتهت تقريبا ،كوب من النبيذ مرتين في يوم. طيلة النهار والليل تسمع عواء الفون، وتحطم الانهيارات الثلجية البعيدة، و هدير السيول تحمل الصخور و الأشجار، على المدرجات الضيقة من الأراضي والبساتين. خلال هذه الفترة من معارك الربيع المحمومة كان يفكر في الحب القديم إلى إليزابيث. وشعر بالخزى للتفكير في ذالك وقريته في نكبة من جراء السيول. كان من حظه أن رئيس البلدية طلب منه الانضمام إلى لجنة الإغاثة. وفي رسائل قليلة اعدها وجد العديد من الناس بسرعة في بازل واستعدادهم لجمع المال لهم.

والده تحسن بعض الشيء. عمه كونراد ذكره بالأيام الخوالي. في بعض الأحيان يأخذه إلى الحانة لكأس من النبيذ ويستمع إلي الذكريات مع الضحك حول مشاريعه. الكبر قد ترك بصماته عليه.

وإلى جانب العناية بوالده المسن كان مشغولا بترميم بيتهم. جاءت اليه إلزابيث يوما في أثناء ترميم السقف وسألته عن أبيه الذى بلغ سن الثمانين. وكانت في عجالة إذ تحمل سلة غذاء لزوجها.

نيديجير صاحب الفندق لم يعد يتمتع بعمله. اشتكى من عدم استطاعته ادارة الفندق ويود بيعه ولكن يخشى أن يكون من نصيب

مصنع البيره وبذا تكون نهاية النبيذ. وهو يعشم في أن يكون الفندق من نصيب أحدهم من أهالى القرية. فكر بيتر في شراء الفندق ولكن خشي من والده الذى مازال يحب شرب النبيذ وعليه أن ينتظر لحين موت أبيه.

في درج مكتبه بدايات عمل كبير. " أعمال في حياتى" ولكن مواصلة واختتام هذه لأعمال يبدو مشكوك فيه. ربما سيأتي الوقت الذي يبدأ فيه من جديد ويختتمه. في هذه الحالة، سوف يثبت أن احلام شبابه صحيحة، وسوف يتحول إلى شاعر قبل كل شيء.

الفصل 3

تحت العجلة

أنا لا أعتبر نفسي أقلّ جاهلة من كثير الناس،

أنا قد كنت وسأظل باحث, غير أني وقفتُ لأستنطق النجوم والكتب;

أنا قد بدأت أستمع للتعاليم التي يهمس بها دمي إليّ.

هيرمان هيسى

والد هانز هير جوزيف جيبينراث، سمسار ووسيط، لا يمتلك صفات جديرة بالثناء أو تمييزه من بين اقرانه. مثل الأغلبية يتمتع بالجسم السليم، وموهبة للأعمال التجارية وتقديس المال؛ ناهيك عن منزل صغير وحديقة، وقطعة ارض للأسرة في المقبرة، واحترام للكنيسة واحترام السلطات، والقوانين الغير مرنة واحترام البرجوازية. يتعاطى الخمر في حدود المعقول ولا يتجاوز ابدأ حدود ما هو مسموح به في القانون. يحتقر كل من كان أفقر منه وأولئك الأكثر ثراء منه. أنه ينتمي إلى الغرفة التجارية ويذهب للبولينج كل يوم جمعة. أنه يدخن السيجار الرخيصة فقط، وحجز ماركة أفضل أيام الأحد. تقتصر قراءته على الصحف، وزيارة عرضية للسيرك. لا يختلف كثيرا عن جيرانه. ينظر

بعين الريبة لأي سلطة أو أي شخص متفوق عليه والعداء تجاه أي شخص أكثر ذكاء منه. ولكن لديه هانز ابنه. يغرق هيسى في بناء عالم روايته (تحت العجلة[1]) من تجربته الشخصية؛ وما يصوره في رواية (تحت العجلة) مستمد إلى حد بعيد من تجربة حياته المبكرة. وشخصية هرمان هايلنر، في الرواية، تكاد تُطابق شخصية هيرمان هيسى نفسه. وها هو يقول في إحدى مقابلاته عن بطل روايته هانز جيبنرات: "في تاريخ تطور شخصية الفتى هانز جيبنرات لعبت، إلى حد ما، دور المُدين والمنتقد لكل تلك السلطات التي هزمت جيبنرات والتي كادت أن تهزمني شخصياً ذات مرة؛ المدرسة والدين والتقاليد والسلطة".

هانز طفولته ونشأته

وقف منزل جيبينراث بالقرب من الجسر الحجري القديم على زاوية بين شارعين مختلفان تماما. الأول شارع الدباغة تسكنه أسر جيدة وقوية وراسخة، يملكون مساكنهم الخاصة والشارع الثاني اسمه *فالكون*. لا شيئ يمكن مقارنته مع شارع المدبغة فيما عدا ميدان المدينة حيث كانت الكنيسة ومبنى المحكمة وإدارة المقاطعات. شارع الدباغة، وأن كان يفتقر إلى مثل هذه السمات الرسمية، تألف من المساكن القديمة ومساكن الطبقة المتوسطة الجديدة مع الأبواب مثيرة للإعجاب و الديكورات الزاهية.

شارع المدبغة طويل واسع وشارع فالكون هو العكس. هنا
وقفت المنازل القائمة مشوهة متداعية. جحافل من الناس جعلت منازلهم
هنا أضافت للكثافة السكانية و الفقر والمرض من سمات هذا الشارع.
السرقة وجرائم القتل تشير الى شارع فالكون. وخلال سنواته الأولى في
المدرسة كان هانز يقوم بزيارات متكررة الي فالكون واصطحاب عصابة
وأنه أصغى إلى حكايات القتل من *لوت فروملا* سيئة السمعة. طليقة
صاحب فندق صغير وقد قضت خمس سنوات في السجن. كانت جميلة
وتسببت في عدد من الفضائح. الآن تعيش وحدها وفي المساء، تصنع
القهوة وتحكي القصص.

تعرف هانز بالأخوة فينكينباين في سن الثامنة، وظل صديقا لمدة
سنة تقريبا، على الرغم من الحظر الصارم من والده. دولف وإميل
فينكينباين من أولاد الشوارع الأكثر حدة في المدينة. اشتهروا بسرقة
الكرز والتفاح وتجاوزات طفيفة ضد قوانين الغابات، وكانوا أيضا خبراء
في جميع أنواع الحيل والمزح. على الجانب كانت لهما تجارة مزدهرة في
بيض الطيور والأرانب وصغار الغربان ، وتجاوزا مرسوم البلدية بترك
خطوط صيد السمك في النهر طول الليل الى الصباح.

وقد أصبح هانز صديق أكثر قربا لـ*هرمان ريتشتينهايل* الذين كان
يعيش أيضا في *فالكون.* هرمان طفل يتيم. إحدى ساقيه كان أقصر من
الأخرى، يسير بمساعدة عصا ولا يشارك في ألعاب الأطفال في الشارع.

وكان صياد بارع وعلم هانز فن الصيد وعلمه التمييز بين أنواع مختلفة من الأسماك والإستماع للأسماك والحفاظ على الخط في العمق المناسب.

هانز والأخوة فينكينباين قد ذهبوا في طرق منفصلة بعد خلاف ومشاجرة وغضب. انتهت صداقة هانز مع *ريتشتينهايل* بطريقة مختلفة. يوم ما في فبراير *ريتشتينهايل* زحف إلى سريره البائس، ووضع عصاته عبر ملابسه على كرسي، ووافته المنية بسرعة وهدوء. *فالكون* نسيت اليتيم فورا وحفظ هانز ذاكرته لفترة طويلة.

روتلر ساعي البريد السابق الذى فُصل من عمله لادمانه المفرط تعرف عليه هانز وأعطاه سمك أحياناً وكان يحضر السمك المقلية في الزبدة ويدعو هانز للغداء ويعطيه أحياناً سَعُوط لِإسْتِنْشاقه. و بورش الميكانيكي الذين ارتدى ربطه عنق دائماً حتى عندما يكون حافياً. ابن مدرس الريفية الصارم من المدرسة القديمة. يعرف نصف الكتاب المقدس عن ظهر قلب. ولكن يمزح مع جميع الفتيات. عندما تكون روحه عالية كان يحب الجلوس على حافة الطريق عند بيت جيبينرات. كان يقول لهانز "هانز جيبينرات، ابني استمع إلى ما يجب أن أقول إليك! ' الرجل ذو الرحمة المباركة هو الرجل الذى لا يقع في الخطأ لا من فمه ولا ضميره. كأوراق الشجر الخضراء على شجرة سميكة، تقع بعضها وتنمو بعضها وهكذا الجيل من لحم ودم، جاء واحد إلى النهاية وولد آخر. "

على الرغم من كل التصريحات المسيحية له، بورش كان مليئا بالأساطير المرعبة عن أشباح وما شابه ذلك. أنه كان على دراية بأماكن مسكونة، ويتأرجح دائماً بين صدق قصصه وعدمها. فقد صوته في نهاية المطاف وأصبح يهمس فقط. يوم ما عثر عليه مشنوقا من درابزين بقطعة من أسلاك الزنك. هذه الشخصيات التي سردها كاتبنا ربما كان كان لها الاثر في حياة هانز فيما بعد.

هناك مكان آخر حيث يمكن سماع أشياء غير عادية. مبنى قديم حيث المدبغة . في المساء *ليذا* تحكى قصص رائعة لجميع الأطفال. وما يحدث في المدبغة أكثر ودا وأكثر هدوءا، مما في فالكون ولكنها لا تقل غموضة.

هانز بأفكاره واحلامه انتقل الآن الي هذا العالم الذي كان زمنا طويلاً غريب له. أنه لجأ من خيبة أمل كبيرة واليأس في الماضي. في تلك الأيام كانت مفعمة بالأمل وشهد العالم أمامه مثل غابة مسحورة تحمل في طياقما الإخطار الرهيبة والكنوز اللعينة والقلاع الزمردية المنيعة. أنه دخل قليلا في هذه البراري ولكن أصابه الضجر قبل أن يجد المعجزات.

هانز عاد إلى الفالكن بضع مرات ووجد هناك الظلام المألوف والروائح الدنيئة. العجائز من الرجال والنساء جلسوا على أعتاب المدخل والأطفال يتصايحون. *بورش* الميكانيكي بدأ عجوزاً ولم يتذكر هانز. *جروسجوهان* الملقب *غاريبالدي*، قد توفي. و *فروهموليو لوت*

كذلك توفت. زوتلر ساعي البريد لا يزال حياً واشتكى من أن الأولاد قد دمرو صندوق الموسيقى ثم حاول هانز إعطائه بعض النقود؛ وأخيراً حكى له عن الأخوة فينكينبابين — أحدهم يعمل في مصنع السيجار ويشرب بشراة مثل أبيه والأخر قد فر بعد التورط في قتال و لم يسمع عنه لمدة سنة.

في أحدى الامسيات ذهب هانز إلى المدبغة. شيئا على ما يبدو إستماله خلال المدخل وعبر ساحة رطبة كما لو كانت طفولته وجميع مباهجها المتلاشية تكمن في المبنى القديم الضخم. بعد المشي خطوات جاء إلى درجٍ مظلم وهناك مع رائحة الجلود استنشق عالم بأسره من ذكريات منبعثة. قفز إلى الأسفل مرة أخرى ونظر في الفناء الخلفي التي تتضمن حفرة مدبغة وإطارات عالية للتجفيف. جلست *ليزا* في المكان المعين لها على مقعد بجانب الجدار وسلة كاملة من البطاطا أمامها، وبعض الأطفال حولها يستمعون. هانز توقف في المدخل المظلم وأستمع لبعض الوقت ثم سار ببطء مرة أخرى عن طريق الميدان الى منزله. ورأى أنه لا يمكن أن يصبح طفلا مرة أخرى والجلوس إلى جانب ليزا ومن الآن فصاعدا تجنب المدبغة و فالكون.

كان هانز جيبينراث ما من شك من الأطفال الموهوبين. وكان قريتهم الغابة السوداء ليس في العادة من إنتاج المعجزات. الصبي هانز له نظرة جادة وذكي ولا يعلم احدا من له هذا الذكاء لم يرثه من والديه

لاشك في ذلك. والدته كانت دائماً مريضة وغير سعيدة. أما من ناحية الأب فهذا مستبعد. اهل القرية كان طموحهم لأبنائها أن يجتازوا دورة دراسية تمكنهم من أن يصبحو موظفين في الخدمة المدنية. لأن ذريتهم غالباً ما تجد صعوبات جمة من خلال المدارس الثانوية. وهانز فتى ذكي ومميز بحسب المعايير الخاصة في البلدة الصغيرة التي يعيش فيها، فالمعلم والناظر والجيران وقس البلدة ورفاق المدرسة يتفقون على أن في هانز ما يميزه ويجعل مستقبله واضحاً وراسخاً وهو أن يكون قساً أو معلماً أو يحصل على وظيفة مكتبية. يتقدم لامتحان المقاطعة حيث تختار الدولة نخبة البلاد المتعلمة، كونه المرشح الوحيد المؤهل لأداء الامتحان في هذه البلدة التي تحظى للمرة الأولى باجتياز مثل هذا الامتحان الشاق في شخص هانز الذي سيكون كما تأمل مبعث فخرها.كان هناك اتفاق بالإجماع حول مواهب هانز جيبينراث. المدرسين والجيران، والقس، وزملائه الطلاب وكل شخص آخر اعترف بأنه كان بصفة استثنائية صبي مشرق. وهكذا مستقبله قد رسم. لكن مسار ضيق واحد للأولاد الموهوبين — إذا ما لم يكن الآباء من الأثرياء. بعد اجتياز امتحان الدولة، يمكنه دخول الأكاديمية اللاهوتية في مولبرون، ثم اللاهوتي في تيلبينجين، وأن يكون قساً أو معلماً أو يحصل على وظيفة مكتبية.

كان امتحان الدولة المقرر عقده في غضون أسابيع لإختيار أحسن الطلبة. وكان هانز جيبينراث المرشح الوحيد من بلدته وقد قرر

الدخول في المنافسة الشاقة. أنه شرف عظيم إستحقة هانز لاجتهاده المكثف للتحضير لإمتحان الدولة. اصبح هانز مثقل بالأعباء وصار محاطا بأساتذته في اللغات اليونانية واللاتينية والمفردات والتدريبات. والدروس تراكمت من الدرس للدرس أثناء النهار كان قادراً على إكمالها في المساء، في المنزل . خلال ساعات الفراغ في أيام الأحد، طلب منه أن يقوم بالقراءة العامة ومراجعة قواعد النحو. جاء الوقت وفي الصباح الباكر ذهب إلى *شتوتغارت* مع والده.

اصابت هانز الدهشة للعناية المفرطة بدلاً من الهجمة المعتادة لنصائحهم وكان مسرورا عند مغادرته مبنى المدرسة. أشجار الزيزفون الكبيرة على التل المجاور للكنيسة توهجت شاحبة في حرارة الشمس بعد الظهر. ونوافير في ساحة السوق برشها تلألأت. استرجع الصبي ذكرياته حينما يذهب الى السباحة وصيد السمك وكيف عانا حينما كان يمنع من صيد السمك والسباحة من اجل الإمتحانات.

وبات يسترجع ذكرياته متجولا علي النهر والتقى به فليج الاسكافي علي الطريق وطلب منه أن يصطحبه لبعض الوقت. إعتاد هانز أن يمضي بضع ساعات مساء كل يوم في بيت الاسكافي وإن كان أهمل ذلك في الوقت الحالي. تكلم فليج عن الإمتحان وتمنى لهانز حظاً سعيدا وشجعه كتيرا ولكن النقطة الحقيقية من خطابه كان اعتقاده الراسخ بأن

الإمتحانات حدث عارض وليس عارا إذا رسب فيه والله قد وضع خطة رئيسية لكل روح ويؤدي ذلك على طول طريق الذي يختاره.

عندما دخل هانز الفصل الدراسي الساعة الثانية بعد الظهر كان المعلم هناك.

"هانز جيبينراث!" صاح المعلم بصوت عال.

تقدم هانز والمعلم هز يده.

"التهاني. جئت في الثاني في امتحان الدولة.

الصمت عم الفصل الدراسي، وفتح الباب ومدير المدرسة دخل وقال له.

"التهاني. حسنا، ماذا تقول الآن؟ "

هانز بدأ مشلولا تماما بدهشة.

"حسنا، أليس لك ما تقول؟"

"لو كنت أعلم ذلك" وقال مندفعا، "لجئت الأول."

"حسنا، يمكنك العودة إلى البيت الآن لتخبر والدك بالخبر السار و لا حاجة للعودة إلى المدرسة. العطلة تبدأ في غضون ثمانية أيام على أية حال " .

في إنبهار خرج الصبي إلى الشارع. ورأى أشجار الليندن وموقع السوق في ضوء الشمس. كان كل شيء كما هو معتاد ولكن بدأ أكثر جمالا وأنه قد نجح في الإمتحان. عندما فترت الموجه الأولى من الفرح، امتنان

عميق طغي عليه. الآن يمكنه الدراسة ولا يخشى العمل الشاق في محل بقالة أو مكتبا.و يمكنه أن يذهب للصيد مرة أخرى. وقف والده في مدخل المنزل.

"ماذا حدث؟".

"لا شيء. لقد فصلت من المدرسة. "

"ماذا؟ لكن لماذا؟ "

"لأني أكاديمي الآن."

"كيف ؟"

"جئت الثاني".

والده كان في غاية السرور و لم يدرى كيف يعبر عن سروره و لم يعرف ماذا يقول وبات يربت ابنه على كتفه ويضحك ويهز رأسه ذهابا وإيابا. هانز هرع إلى المنزل وصعد الدرج إلى مخزن الغلال باحثا عن معدات الصيد. وذهب إلى والده يطلب منه اقتراض سكينة الصيد. بابتسامة وإبتهاج اعطاه والده مبلغا من المال لشراء سكين لاستعماله الخاص. بسرعة فائقة ذهب هانز وتحصل علي السكينة ثم الي أسفل الجسر حيث اختار بدقه قصبة قوية ومرنة، وسارع الي المنزل لاعدادها لصيد السمك. بعيون متوهجة وبهجة جلس إلى مهمة الإعداد لصيد السمك وقضى الظهيرة ومساء اليوم في المهمة. نحو منتصف الليل كان كل شيء جاهزاً. كان على يقين من أنه لن يصيبه الملل خلال السبعة

أسابيع من العطلة ويمكنه أن يقضي كامل أليوم بجانب النهر لكي يستمتع باصطياد السمك.

واجباته المنزلية أكثر من كافية الآن وكثيراً ما جلس الي ساعة متأخرة من الليل. جيبنرات الأب ينظر إلى هذا الإجتهاد لإبنه بكل فخر ويشاطره العديد من الناس من ذوى الذكاء المحدود بأن ذكاء إبنه امتداداً لنفسه.

خلال الأسبوع الأخير من العطلة أصبح ملحوظا أن الناظر والقس اصابهما القلق إزاء هانز وشجعاه على المشي ليكون نشطا للاستعداد لحياته الجديدة.

هانز تمكن من الذهاب إلى الصيد عدة مرات أكثر وكثيراً ما عانا من الصداع ودون أن يكون حقا قادر على التركيز. جلس علي ضِفّة النهر الذي عكس سماء الخريف زرقاء خفيفة. الآن بدأ سعيدا لانتهاء العطلة ويمكنه أن يغادر إلى الأكاديمية حيث ينتظره مساراً جديداً تماما للحياة. نحو نهاية إجازته تذكر أنه أهمل الاسكافي فليج لمدة أسابيع. ذهب الي منزل الاسكافي.

"حسنا، كيف هي الأمور؟" سأل. "هل امضيت وقتا مع القس؟ "

"نعم، لقد ذهبت كل يوم ولقد تعلمت الكثير."

"حسنا، وماذا؟"

"اليونانية أساسا بل أشياء أخرى كثيرة جداً."

"ولم تجد الوقت لزيارتى ؟"

"أردت أن أزورك هير فليج ، ولكن لم استطع. كل يوم كنت مع القس لمدة ساعة ومع الناظر ساعتين، وأربع مرات في أسبوع مع أستاذ الرياضيات ".

"بينما كنت في إجازة؟ هذا هراء! "

"لا أعرف. المدرسون أعتقدوا أنه أفضل لي هذه الطريقة. والتعلم ليس من الصعب بالنسبة لي ".

وقال فليج "ربما ذلك،" وأخذ ذراع الصبي. "ليس هناك شيء خطأ في التعلم ولكن أنظر فانت ضعيف حقاً. هل لا تزال تعانى من الصداع؟ " "أحيانا."

ونصحه أن يهتم بصحته .وسأله عن الدرس مع القس وماقال. وهل قال أي شيء ازدرائي حول الكتاب المقدس. قال له هانز "لا، ليس مرة واحدة."

"أنا سعيد. لأنه يمكن أن أقول لكم هذا: أفضل إيذاء جسمك عشر مرات أكثر من أن تضر روحك! سوف تصبح قسا وتساعد وتعلم البشر. من كل قلبي سوف اصلي لهذا الغرض. "

مرت الأيام القليلة الماضية بسرعة بجميع الأعمال التحضيرية والوداع . أرسلت أشيائه من كتب وغيرها الي مولبرون . وفي يوم بارد

الأب والابن سافرا الي مولبرون. هانز غمره الحزن أن يترك مكانة الأصلي والتحرك بعيداً عن منزل والده إلى مؤسسة غريبة.

دير الرهبان في مولبرون

يقع دير الرهبان الكبير في "سيستيرسيان الكبير" مولبرون في شمال غرب مقاطعة بين التلال المشجرة والبحيرات الصغيرة الهادئة. متانة وصلابة التشيد والحفاظ عليها جيدا، توفير المباني القديمة الجميلة. فهي مذهلة من الداخل والخارج على حد سواء وأنها شكلت على مر القرون كل ما حولها جميل وهادئ. إذا كنت ترغب في زيارة الدير نفسه، تخطو خلال بوابة خلابة في جدار عال إلى ساحة واسعة وهادئة. نافورة المياه الجارية في قلب الساحة والأشجار القديمة المهيبة. في كلا الجانبين صفوف من منازل من الحجارة الصلبة وفي الخلفية الجزء الأمامي للكنيسة الرئيسية مع شرفة رومانيسكية كبيرة، تسمى "الجنة" محاسن لا تضاهي في محاسنها وجمالها الساحر. على سطح الكنيسة يمكنك مشاهدة برجا تجثم على نحو سخيف مثل إبرة تبدو أنها لن تتحمل وزن الجرس المعلق عليها. الجدران الخلابة والنوافذ المقوسة والحدائق وأماكن المعيشة وكأنها إكليل حول المباني القديمة. الساحة الواسعة تقع هادئة وفارغة وسكونها ينسجم مع ظلال الأشجار المحيطة بها. فقط في الظهيرة لحظة عابرة للحياة تمر بها. وفي ذلك الوقت مجموعة من الشباب يخرجون من

الدير الي هذا الامتداد الواسع بحركاتهم وصيحاتهم وأحاديثهم وضحكاتهم الي أن يختفوا مرة أخرى في نهاية تلك الساعة خلف الجدار دون أثر. كثيرا من الناس حينما يقفون على هذه الساحة يعتقدون أنه سيكون المكان الصحيح للحياة الجيدة والسعادة ومكان للتفكير وإنتاج الأعمال الجميلة المفيدة.

هذا الدير الرائع مخفياً خلف التلال والغابات حجز للاستخدام الحصري لطلاب أكاديمية البروتستانتية ليتسنى للنفوس الشابة أن تكون محاطة بجو من الجمال والسلام. في نفس الوقت الشباب يتم عزلهم من النفوذ وصرف انتباهم من مدنهم وأسرهم ويتم الحفاظ عليهم من الأشياء الضارة. لذا فمن الممكن السماح لهم بالعيش تحت انطباع واضح أن الهدف من حياتهم حصرا لدراسة العبرية واليونانية ومواضيع متعددة وتحويل عطش النفوس الشابة نحو دراسات نقية ومثالية. وبالإضافة إلى ذلك هناك عامل مهم للحياة في مدرسة داخلية والضرورة الحتمية للتعليم الذاتي و الشعور بالانتماء معا.

المنحة التي تجعل من الممكن لطلاب الأكاديمية للعيش والدراسة هنا مجاناً تجعلهم مشبعولون بروح لا تمحى باستثناء الفئة القليلة الذين تمكنو من كسر حاجز الحرية.

في ممرات واسعة وما يسمى المهاجع وقف عدد من الطلبة الجدد الأبناء والآباء راكعين على الأرض أثناء تفريغ أمتعتهم. لا شيء على

وجه التحديد في العادات والتجهيزات في مولبرون. على العكس من ذلك، جنبا إلى جنب مع أسماء لاتينية المتبقية من الوقت عندما كانت كدير، كانت ملصقة عدد من التسميات الكلاسيكية الجديدة. غرف الطلاب تم تسميتها هيلاس وأثينا وسبارتا و الاكروبوليس والحقيقة أن أصغر غرفة كان تسمى جيرمانيا على ما يبدو للدلالة على سَبَب وجيها لتحويل هذه الجرمانية، إذا كان ذلك ممكناً، إلى يوتوبيا اليوناني الروماني. ولكن حتى هذه التسميات مجرد زينة – أسماء عبرية قد تكون اسم دراسي مناسب. هيلاس كانت من نصيب هانز وتسعة آخرين.

خلافا لتوقعاته، سيطر شعور غريب علي هانز عندما دخل العنبر البارد مع تسعة آخرين للمرة الأولى واستلقي علي السرير الضيق. مصباح كيروسين كبير معلق من السقف تخلع ملابسك في توهجه الأحمر. في العاشرة الا ربعا يتم إخماده بواسطة المراقب. السراير واحد إلى جانب الأخر بين كل سرير والثاني كرسي عليه ملابس. على أحد الأعمدة حبل لدق جرس الصباح. اثنين أو ثلاثة من الفتيان الذين يعرفون بعضهم البعض من بلداهم يهمسون باستحياء فيما بينهم ولكن ليس لوقت طويل. آخرون الغرباء منهم اصابهم الاكتئاب. لم يتمكن هانز من النوم لفترة طويلة. استمع إلى ضجيج غريب من سرير بعيداً عنه. شخص ما كان يبكي. لم يكن هانز مُشْتاقٌ لقريته رغم أنه فقد غرفته الصغيرة الهادئة. فقط شعر برعب طفيف من هذا الوضع. وفي

اليوم التالي استقبلوا رسميا في الأكاديمية. المعلمون يرتدون معاطف ومدير المدرسة أعطى خُطْبَة للطلاب. الطلاب في تفكير عميق ومن حين الى آخر يسرقون النظر الى آبائهم الذين جلسوا في المؤخرة. الأمهات تغمرهم الابتسامات وبمشاعر الفخر والثناء وآمال عريضة وأنه لم يحدث لواحد منهم أن في هذا اليوم أنه باع طفلة من اجل ميزة مالية.

في نهاية الحفل نودي على الطلبة باسمائهم واحدا بعد الآخر لمصافحة مدير المدرسة لقبوله بالأكادمية شريطة أن يكون ذا سلوك جيد وسوف يكون تحت إيواء ورعاية الدولة لبقية أيامه. أنه لم يحدث لأي من الأولاد ولا إلى آبائهم كل هذا ربما ليس مجانا بدون مقابل.

غادر الآباء وعاد الأولاد إلى الدير وبدأوا ترتيب غرفهم الجديدة. أربعة من رفاق هانز في *هيلاس* تركوا انطباعا رائعا البقية فوق المتوسط أكثر أو أقل. هناك أولاً هارتلن أوتي ابن أستاذ من شتوتغارت هادئ مؤدب طويل القامة ذا هندام جميل يبدو حازما. كارل فياميل، ابن عمدة قرية سرنيل و استغرق الأمر بعض الوقت لمعرفته كان مليئا بالتناقضات. اما هيلنير كان مثيراً للدهشة وإن كان أقل تعقيداً . صبي الغابة السوداء من عائلة جيدة و شاعرا وعازف كمان. وزميل آخر يدعى إميل لوسيوس من الفلاحين لا يعط الانطباع بأنه صبي بل أنه ناضج و تام النمو.

في اليوم الأول، بينما الآخرون اصابهم الملل جلس لوسيوس بكل هدوء مواصلا قراءته. اكتشف أنه خداع وخبيث ومغرور وبرغم هذه الرذائل اكتسب نوعا من الاحترام. كان يأتي كل صباح قبل زملائه أو بعدهم الي المغسل ليكون قادراً على استخدام الصابون أو منشفة شخص آخر، أو كليهما، بهدف الحفاظ على منشفه والصابون.

بمجرد الإنتها من المغسل ذهبوا إلى الإفطار الذي يتألف من فنجان القهوة وقطعة من السكر وقرص خبز. لوسيوس يحفظ نصيبه من قطع السكر ودائما يعثر على مشترين: قطعتين من السكر ب بني، أو مسند للكتابة لخمسة وعشرين قطعة. يفضل العمل في ضوء مصابيح زملائه في الحجرة بغية الحفاظ على مصباحه وتوفير الكيروسين باهظ الثمن. ومن المستغرب أن لوسيوس ليس من عائلة فقيرة ولكن كقاعدة عامة فإن الأبناء الفقراء لا يعرفون كيفية حفظ وتوفير المال ولا يعرفون ماذا يعني وضع شيء جانبا. يشمل نظام لوسيوس ليس فقط مجال السلع الملموسة والملكية الشخصية؛ في المسائل الفكرية أيضا سعى إلى كسب ميزة كلما كان ممكنا. وبذكائه لم ينسى أن الملكية الفكرية لها فقط قيمة نسبية لذلك ركز جهوده في المواضيع التي تاتي ثمارها في إمتحانات مستقبلية في حين أنه راض بدرجات متوسطة في علومه الاخرى. بالمقارنة مع إنجازات زملائه؛ إذا كان لديه الخيار، أنه كان يفضل أن يأتي الأول مع نصف المعرفة خير من أن يأتي الثاني مع ضعف

المعرفة. ولذلك يمكن رؤيته في العمل في المساء دون عراقيل الضوضاء في الحجرة . ولكن شأنه شأن جميع الذين يبالغون للسعي إلى الربح المفرط، لم يمضي وقتا طويلا قبل أن يكتشف ويجعل من نفسه مغفلا.

لأن جميع التعليمات في الأكاديمية كان مجاناً، رأى لوسيوس الاستفادة من الوضع بأخذ دروس العزف على الكمان. غير أنه لم يكن له خبرة أو ميول للموسيقى! ولكنه قرر أنه سيكون من الممكن تعلم العزف على الكمان بالطريقة التي يمكن أن تتعلم الحساب واللاتيني. واصبح اضحوكة بين الطلاب وجعل هير هاس مدرس الموسيقى قريبا جداً من إلياس و سعى إلى ثني لوسيوس عن هذا المشروع ولكن لوسيوس لم يكن شخص ما بسهولة إقناعه بالعدول. واصر وأعلن حبة للموسيقى. وهكذا لوسيوس واصل التدريب علي الكمان وتلقى درسين أسبوعيا وممارسة التدريب كل يوم لمدة نصف ساعة. استاء زملاؤه منه ومنع من التدريب علي الكمان في حجرتهم وذهب خارجا يبحث عن مكان حول الدير في البحث عن زوايا هادئة إلى الممارسة. لأن لوسيوس لم يحرز أي تقدم وكانت حالته مأساوية حقا عندما أعلن المعلم أنه غير كفء ورفض مواصلة الدروس. اختار لوسيوس هذه المرة البيانو وقضى شهرا مؤلما من التدريب. هيلنير كان المحرض على العديد من مشاهد مثيرة للسخرية. هامل كارل لعب دور المراقب وكان اكبرهم بعام

وكان متقلب المزاج ودخل في معارك مع زملائه وشعر بالحاجة إلى اختبار قوتة البدنية.

هانز جيبينراث شاهد جميع هذه الافعال باستغراب وذهب في طريقته الهادئة وكان يتمتع باحترام جميع زملائه باستثناء هيلنير الذين أعلن نفسه عبقري ويسخر أحياناً من هانز لكونه عَابس. كلهم حريصون أن يشعر بالنضج وتبرير كلمة "مستر" التي خاطبهم بها المعلمون على السلوك الجيد والجدية العلمية. للمعلمين في هذه المؤسسة يجب أن تكون تجربة مفيدة لمراقبة مثل هذا الحشد من الفتيان، بعد أن عاشوا معا لعدة أسابيع، تبدو وكأنها مزيج كيميائي فيها الغيوم المنجرفة وقشرات مدمجة تتَحَلَّلَ مرة أخرى وتتغير حتى تنتج منها تكوينات راسخة. بعد أن تم التغلب على الخجل الأول وبعد التعرف بما فيه الكفاية ، يبدأ الاختلاط والبحث بشكل مجموعات وصداقات و التَنَافُر أصبح واضحا. الفتيان الذين كانوا زملاء الدراسة من قبل أو الذين ينتمون إلى نفس المنطقة لا يميلون الي بعضهم البعض إلا نادراً. معظم الفتيان كانوا يبحثون عن معارف جديدة – الصبية من المدينة يميلون للصبية من المزارعين، والفتيان من المناطق الجبلية لملاك الأراضي – تنمو الصداقة أو العداوات العنيدة وغير المعلنة وتنتهى في علاقة عطاء أو في المصارعة والملاكمة.

هانز لم يدخل في أي من هذه الأنشطة. كارل هارنيل قد عرض عليه صداقته ولكن هانز تردد. عند ذلك أصبح هارنيل صديقا لصبي من سبارتا. وظل هانز وحيداً. ولكنه كان ذا رغبة اكيدة للصداقة إلا أن خجله جعله يتردد. دخوله في علاقة حنونة فد زالت أثناء طفولته بدون أم. أنه لم يكن مثل لوسيوس إذ أنه مهتم حقا بالمعرفة، ولكن أنه يشبه لوسيوس في أنه ينأى عن كل ما قد يقف في طريق عمله. لكن اصابته الغيرة عندما شاهد صداقات الآخرين. هامل كارل لم يكن حقا المناسب له، ولكن إذا كان شخص آخر تم الاقتراب منه وتسعى بقوة للفوز بالصداقة سيرد الدعوة بسرور.

المواد المدرسية، ولا سيما العبرية، أبقت الجميع مشغولون، مرت الأسابيع الأولى في اندفاع كبير.

هانز و هيلنير

الشاعر هيلنير هيرمان سعي دون جدوى إلى العثور على صديق ملائم، والآن بات يتجول كل يوم خلال ساعة الفسحة خلال الغابات الي بركة محاطة بالقصب واوراق الشجر المجففة. هنا بحلم يتتبع الدوائر في المياه ويقرأ أغاني لينو مستلق على القصب ويكتب بعض الشعر في مفكرة سوداء صغيرة. جاء هانز جيبينرات لنفس المكان ورأى هيلنير يجلس على الممر الضيق ودفتر الملاحظات في حِضْنه والقلم في فمه.

"مرحبا، هيلنير. ماذا تفعل هناك؟ "

"أقرأ هوميروس. وانت يا ابني؟ "

"هل تعتقد أني لا أعرف ما تنويه ؟"

"حسنا"؟

"كتابة قصيدة، بطبيعة الحال."

" أتعتقد ذلك؟"

"بالتأكيد".

"أجلس ".

جيبينراث جلس بجوار هيلنير ودلى ساقيه فوق المياه.

"يجب أن أقول أنه من المحزن هنا" قال هانز مندفعا.

"نعم، نعم".

كل منهما إستلقى على ظهره.

"إنها غيوم جميلة!" قال هانز هو يحدق الي السماء.

"نعم، جيبينراث،" إذا كنا فقط يمكن أن نكون

مثل الغيوم. "

"ماذا بعد؟"

"كنا ابحرنا فوق الغابات والقرى والمقاطعات برمتها وبلدان مثل السفن

الجميلة."

هل رأيت سفينة؟ "

"لا، هيلنير، وانت؟"

"أوه نعم. يا إلهي، أنت لا تفهم أي من هذا إذا
كل ما عليك القيام به هو دراسة وكدح ".

"هل تعتقد أنا اكدح في الدراسة؟"

" لم أقل ذلك".

"أنا لست أَبْلَه كما تظن. ولكن امضي قدما، أخبرني عن السفن. "

هيلنير استدار على بطنه وقال "لقد رأيت السفن على نهر الراين خلال العطلة. يوم الأحد موسيقى على السفينة في الليل والفوانيس الملونة والأضواء تنعكس علي الماء و أبحرنا على مجرى النهر مع الموسيقى. الجميع كان يشرب خمر الراين والفتيات يرتدين الثياب البيضاء ". هانز استمع دون الرد أغلق عيناه وشهد السفينة تبحر من خلال الليل مع الموسيقى و الأضواء الحمراء والفتيات في فساتين بيضاء.

ومضى هيلنير: "نعم، كانت الأمور مختلفة بالتأكيد
من يعرف أي شيء عن هذه الأشياء هنا؟ جميعهم جبناء يكدحون في الدراسة حتى العظم ولا يدركون أن هناك شيء أعلى من الحروف الأبجدية العبرية وأنت لا تختلف عنهم ".

ظل هانز صامتاً. هيلنير بالتأكيد غريب وشاعر رومانسي. كما يعلم الجميع كان يعمل بالكاد على الإطلاق وبالرغم من ذلك يعرف كيفية إعطاء إجابات جيدة وفي نفس الوقت يحتقر التعلم. "نقرأ هومر"،

وأردف قائلا بسخرية "كما لو كان أوديسي كتاب طبخ. مقطعين من الشعر كل ساعة، ثم كل شيء يمضق كلمة بكلمة ويفتش حتى تكون مستعدا لتتقيأ. ولكن في نهاية الساعة سوف يقول الأستاذ: ' لاحظ كيف حول هذا المقطع على نحو أنيق جيد! هذا هو سر الإبداع الشعري! ' . ليس لدى أي استخدام لهذا النوع من هوميروس. على أية حال، ما كل هذه الأشياء اليونانية القديمة بالنسبة لنا؟ إذا حاول أحد منا العيش قليلاً مثل يوناني، سيكون له ذيل. ولدينا غرفة تسمى 'هيلاس'! سخرية بحتة! لماذا لا تسمى 'سلة مهملات' أو 'قفص القرود' أو مصنع إستغلالي ؟ كل هذه الأشياء الكلاسيكية وهم كبير. "

"كنت تكتب قصيدة ؟"سأله هانز

"نعم".

حول "ماذا؟"

" عن البركة والخريف."

"يمكن أن أراها؟"

"لا، أنها لم تنته بعد."

"ولكن عند الانتهاء من ذلك؟"

"بالتأكيد، إذا كنت تريد." نهضا ومشيا ببطء إلى الدير.

إنشغل هانز بالتفكير في هيلنير لبقية اليوم. هيلنير زميل غريب! مخاوفه ورغباته لا وجود لها . يمتلك أفكاراً وكلمات من صنعه، كان

يعيش حياة أكثر ثراء وأكثر حرية ويعاني أمراض غريبة ويبدو أنه يحتقر كل شيء حوله. أنه يتفهم جمال الأعمدة القديمة والجدران ويمارس الفن ويعكس روحه في أشعاره ويرسم حياة لنفسه من الخيال. في بعض الامسيات أوتو فينغر اختار شجار معه. وبقي هيلنير هادئ لفترة قصيرة من الوقت. ولكنه لم يتمالك فصفع فينغر في الوجه فاشتبك الإثنان في شجار مميت. بعد عدة دقائق هيلنير ببعض الجهد خلص نفسه من هذا الاشتباك ووقف يلتقط انفاسه. عينية حمراء، وقلادتة تمزقت وثقب في بنطاله. أوتو فينغر على وشك الهجوم عليه لكن هيلنير اعترض وقال له لن أتشاجر إذا كنت تريد المضي قدما أضربني. فغادر أوتو فينجر شاتما ولاعنا. هيلنير جنح جانباً وانفجرت الدموع من عينية. البكاء لا شك يعتبر شيء مهين لطالب الأكاديمية. وقال له هارتنير "يا هيلنير، الا تخجل من نفسك؟"

"أشعر بالخجل – أمامك؟" ثم قال في صوت عال

"لا، صديقي." مسح وجهة و ابتسم بغضب وغادر الغرفة.

هانز جيبينرات بقي قابعاً في مكانه أثناء الحادثة برمتها ناظراً في دهشة نحو هيلنير. في وقت لاحق ذهب للبحث عنه. وجده جالسا في الظلام قبالة نافذة وهو يحدق خارجاً إلى الرواق. وبعد حين سأل دون أن يواجه هانز: "ماذا حدث؟" وقال هانز باستحياء"أنا"

"ماذا تريد؟"

"لا شيء".

"حسنا، في هذه الحالة، يمكنك المغادرة؟"

هانز كان على وشك أن يفعل ذلك. ولكن هيلنير قال له "لا تذهب". هيرمان هيلنير ببطء صافحه بالأحضان وذهل هانز حينما شعر بشفاه هيلنير تلامسه. هذه القبله المفاجئة كانت شيئا مخيفا، شيئا جديداً لهانز ربما كان شيئا خطيرا ومثير للسخرية اكثر من البكاء.

الطلاب الشبان قد اعتادوا الآن إلى بعضها البعض. وقد تم ضرب صداقات عديدة وتعاون مثمر في الدراسة. ولكن كانت هناك أيضا صداقات لتبادل السلع المادية. قلة من الطلاب بقوا لوحدهم مثل لوسيوس الذى تفانا في فن الموسيقى. هيرمان هيلنير وهانز جيبينرات اعتبرا اكثر الأصدقاء فاقدى التطابق إحداهما شاعر والثانى منقمس في القراءة. ولكن كليهما من ألمع الطلاب و الموهوبين.

وإضافة للغة العبرية و*الكتاب المقدس اللوثرى* كان هناك *العهد الجديد* حيث كان كل شيء أكثر حساسية ومشرق وحميم ولغته وأن كانت أقل قُدماَ وعميقة وغنية، كانت مليئة بروح شباب حريصة وخيالية. وايضا *أوديسي* جَهْوَريّ بقوة، وأعطى إيحاء حياة بائدة ومحددة بوضوح وبفرحة. بجوار هذا المؤرخون اكسنفون وليفي اختفو أو بالأحرى، كأقل لمعاناً بالمقارنة.

باستغراب اكتشف هانز كيف تختلف كل الأشياء عن مايراه صديقه. ليس هناك شيئا مجردا في نظر هيلنير. لا شيء يمكن أن لا يتصوره ويعطيه مسحة من الخيال. إذا إستحال عليه تحول بعيداً واصابه الملل مثل الرياضيات. الصداقة بينهما كانت غير عادية. بالنسبة هيلنير كان ترفاً أو مجرد نزوة، بينما هانز يعتز بها مثل كنز يحرسة بفخر ولكن كنز يمكن أن يصبح عبئا. كان هانز دائماً يقوم بعمل واجبة في المساء. حينما يتعب هيرمان من الدراسة، يأتي إلى هانز ويسحب كتبه ويطالبة بالاهتمام به. بالرغم من ذلك كان هانز يحب صديقة ويعمل لمضاعفة الجهد خلال ساعات الدراسة ولكن أصبح الوضع أكثر صعوبة عندما بدأ هيلنير يعارضه في دراسته. هانز شعر بالفزع لاكتشافه كيف يعامل هيلنير كتبه. يوما ما استعار أطلس من هيلنير وباشمئزاز وجد صفحات بالكامل ملئة بعلامات قلم الرصاص ومغطاة بالرسوم الكاريكاتورية. في بعض الأحيان إنه يبدو كما لو كان هانز مجرد لعبة مريحة لصديقه. هيلنير حقا تعلق به لأنه بحاجة إليه. كان يريد شخص ما يستمع في هدوء وبشغف عندما يلقي خطبة الثورية حول المدرسة والحياة بشكل عام. وأنه يحتاج إلى شخص ما. عان من هجمات الكآبة. كانت أسبابها كثيرة منها الاضطرار إلى القيام بمرحلة انتقالية مؤلمة من مرحلة الطفولة إلى المراهقة، مع فائض في الهواجس والطاقة والرغبات والرجولة المبكرة. قبل مجئه إلى المدرسة كان محبوب والدته والآن، طالما أنه ليس جاهزاً

لحب أنثوي كان صديقة يمثل دور المُؤَاسٍ. في المساء جاء في كثير من الأحيان إلى هانز عندما يصاب با لأكتئاب العميق طالبا منه أن يذهب معه إلى المهاجع. وهناك في قاعة باردة يتمشيا أو يجلسا في فجوة يرتجفا من البرد. هنا يسرد هيلنير عدد من التظلمات الحزينة بطريقة رومانسية على طريقة الشباب الذين قد قرأو *هاينه* واصبحو يبتهجون بحزن الطفولة إلى حد ما. أعجب هانز بهاذا ولو أنه لم يستطيع أن يفهمه تماما. تألم هانز من هذه المشاهد المؤلمة ثم يغرق لتوه في دراسته خلال الساعات المتبقية ولكن وجد صعوبة في التركيز. عاد الصداع القديم واصابه الركود. أحس كيف انهكته الصداقة. بالطبع أدرك أيضا أن هذه الكآبة هي فقط إخراج الطاقات الزائدة عن الحاجة وغير صحية، وليس حقا جزءا لا يتجزأ من هيلنير، أنه معجب به بإخلاص وصدق. عندما يقرأ له شعره أو يتحدث عن المثل الشعرية أو سرد المونولوجات من شيلر أو شكسبير يشعر هانز كما لو أن هيلنير، له موهبة سحرية يفتقرها هو. عالم الشعراء كان ذات أهمية ضئيلة لهانز، ولكن الآن للمرة الأولى يعجب بهذا العالم الجديد منصهر في شعور واحد وهو تقديس صديقه.

جاءت الأيام الحالكة. العاصفة في نوفمبر خلالها يمكن أن تعمل في مكتبك فقط بضع ساعات بدون مصباح والليالي السوداء خلالها العاصفة تدفع الغيوم الى مرتفعات مظلمة والريح تَئِنّ حول مبنى الدير

القديم. الأشجار الآن قد فقدت جميع أوراقها. هيلنير كان في مزاج متعكر وترك الجلوس مع هانز وانزوى بعيداً للتنفيس عن مشاعره على الكمان في غرفة ممارسة أو لاختيار معارك مع رفاقه.

في إحدى الليالي حينما دخل الغرفة وجد لوسيوس يتدرب علي الموسيقى. وغادر غاضبا. وعندما عاد بعد نصف ساعة كان لوسيوس لا يزال يتدرب. وقال له قد حان الوقت لإنهاء هذه الاصوات الشريرة وتعطي فرصة للأشخاص الآخرين. لوسيوس لم يعباء بوجود هيلنير و استأنف عمله. فركله هيلنير وبعثر ورق الموسيقى في وجه لوسيوس. لوسيوس قال له سوف يخبر مدير المدرسة. صرخ فيه هيلنير وقال له ويمكنك أن تقول له أعطيتك ركلة في المؤخرة. لوسيوس فر إلى الخارج وطارده هيلنير الى حيث يقيم مدير المدرسة وركلة عند مدخل المدير. في صباح اليوم التالي مدير المدرسة ألقي محاضرة رائعة عن هذا موضوع وانحطاط الشباب. وحكم على هيلنير لفترة طويلة في غرفة التوقيف. هذا درس لن ينساه. وذكّر الآخرين أن يعتبروا هيلنير مثالا مخيفا.

هيلنير غادر ولم يجد احداً بجانبه حتى صديقه هانز جيبينرات لم يبق معه. هانز اصابه الخجل بسلوكه هذا وكان غير سعيد، اختبأ في القبو لا يجرؤ على رفع عينية. شعر الرغبة في الذهاب إلى صديقه بدون أي شخص يلاحظ. أنها محفوفة بالمخاطر ويعطيك سمعة سيئة إذا كان لديك أي علاقة معه. وفي الصراع بين صداقته وطموحه، متأثراً بالولاء

له وطموحه في النجاح واجتياز الامتحان مع مرتبة الشرف العليا والقيام بدور في الحياة، وهكذا بقي بعيدا عن صديقه. هيلنير كان يعول على هانز. وقال له يوما "انت جبان، جيبينرات – اذهب إلى الجحيم"

بضعة أيام بعد هذا الحادث فجأة بدأ الجليد يتساقط. وانشغل الجميع بالتحضير لعطلة العيد. هيلنيركان يتجول حول المدرسة رافعا رأسه عاليا متجبراً، والتحدث إلى أي شخص وكثيراً ما يكتب الشعر في دفتر كتب عليه "أغاني راهب."

مزاج احتفالي ينتشر من خلال الغرف وفرحة استباق عيد الميلاد.

قبل بدء العطلة المدرسية قرر الطلاب دعوة المعلمين إلى سهرة عيد الميلاد في هيلاس أكبر الغرف. ولكن أكثر من أي شيء آخر اراد الطلاب أن يشمل البرنامج شيء من روح الدعابة واقترح كارل هامل سولو الكمان بواسطة لوسيوس مكافأة لمساعيه المتحمسة في غرفة الموسيقى. عندما بدأ لوسيوس في العزف علي الكمان باصوات بشعة اصاب معلم الموسيقى الغضب. وعندما اتى لوسيوس للمرة الثالثة تحول إلى الجمهور واعتذر من المواصلة وقال "بدأت فقط اللعب علي الكمان هذا الخريف ". وشكره مدير المدرسة، بدعابة.

مبكرا في الصباح من الرابع والعشرين ديسمبر، توجه الطلاب تجاه محطة السكة الحديد تمتلكهم البهجة والسرور تواقون الي زيارة الأهل في غرف دافئة. بقي فقط هيلنير لوحده وعندما وصل القطار إلى

المحطة انتظر حتى يركب زملاؤه قبله ووجد مقصورة ليكون لوحده. هانز رأوه في المحطة التالية ولكن شعوره بالعار والأسف تلاشا تحت الإثارة والفرح من الرحلة. استقبله والده سعيداً راضيا ونسبة لحالة الأسرة المعيشية لم يكن جو عيد الميلاد حقيقي. لا أغاني عيد الميلاد و لا أم ولا شجرة عيد الميلاد. شعر الناس أن هانز بدأ شاحبا جداً وربما لايحصل على ما يكفي من الطعام في الدير. قال انه في حالة جيدة عدا الصداع المتكرر. وأكد القس له و أخبره بأنه عانى من صداع نفسه حين كان شابا.

من المعروف أن طالبا أو اكثر يتركون الدراسة خلال فترة الأربع سنوات في الأكاديمية. أحياناً يموت أو يطرد بسبب جنحة شائنة. أحياناً — وأن كان نادراً — فإنه يحدث أن تجد صبي من إليأس ينهى حياته بالغرق أو بإطلاق النار على نفسه. اغلبهم من زملاء هانز في هيلاس. أحدهم متواضع قليل الشعر يدعى هيندينجير يطلق عليه زملائه اسم هندو. كان ابن خياط من بلدة *اللجاو* اغلبهم كاثوليك وكان بطبعه هادئ. يوم ما في يناير ذهب لمشاهدة الآخرين يتزحلقون علي الجليد. سرعان ما بدأ يشعر بالبرد وسار حول حافة البركة محاولا التدفئة وفقد طريقه ووجد نفسه على بحيرة صغيرة أخرى أكثر دفئا ولكن طبقة الجليد علي هذه البحيرة كانت رقيقة. محاولا عبور البحيرة انكسرت طبقة الجليد تحت رجليه فصرخ صرخة يائسة و غرق في

65

البرودة المظلمة. لا أحد لاحظ أنه كان مفقوداً حتى الدرس الأول. "أين هو هيندينجير؟" سأل المدرس . ذهب احدهم للبحث عنه في هيلاس. لكن لا وجود له هناك. ثم أرسل عشرة طلبه للبحث عن هيندينجير. وجاء الخبر أن هيندينجير يبدو قد غرق في إحدى البرك. أوكل لأستاذ ماير وبعض الطلبة للبحث عنه بمساعدة اثنين من رجال المدينة. عادوا بجثة هيندينجير. وقف الطلاب في حالة فوضى مثل الطيور خائفة يحدقون في الجثة. أنها رائحة الموت.

هانز جيبينراث وجد نفسه يسير بجوار صديقه السابق، الشاعر هيلنير، شاحب الوجه و فجأة شعر بألم عميق، لا يمكن تفسيره وحاول مصافحته على يده. ولكن هيلنير دلف إلى الوراء بغضب لمؤخرة الموكب. عندها إرتعد قلب هانز بالحزن والعار ولم يستطع حبس دموعه وأدرك أن هناك بعض الآثام واغفالات خارجة عن الصفح والتوبه وبدا له أنه يحمل نقالة لا لابن الخياط ولكن لهيلنير، الذي تولى جميع الألم والغضب الذى تسبب فيه هانز إلى عالم آخر حيث يحكم الناس ليس بالدرجات وعلامات الامتحان والنجاح المدرسي ولكن فقط بالطهارة أو النجاسة في ضمائرهم. وعندما وصلوا إلى الطريق سارعوا الى الدير الرئيسي حيث جميع الموظفين مع مدير المدرسة متراصون لإستقبال جثمان هيندينجير. اليوم الثاني بعد وفاته جاء والده وبقي بضع ساعات في الغرفة حيث كان يسكن ابنه، ودعي إلى الشاي

مع مدير المدرسة وأمضى الليل في فُنْدُق. ثم جاءت مراسم الدفن. النعش أعطي مكان الشرف في المهاجع ووقف الخياط إلى جانب النعش وحمل في يده قبعة متهالكة. في اللحظة الأخيرة، قبّل ولمس غطاء التابوت وبقي يصارع الدموع . القس أخذه باليد وبقي إلى جانبه وهم يرددون الترانيم بجانب القبر.

في وقت لاحق توجه مدير المدرسة مع الأب هيندينجير الى هيلاس. وسأل المدير زملائه إن كان أحد منهم كان ذا معرفة خاصة وقريبة بالمرحوم. لا أحد تطوع والأب الهندوس يحدق بالبؤس والخوف في وجوه الشباب. تقدم لوسيوس وأحاط هيندينجير بيده، مع انحناء متواضع من الرأس وغادر الدير .

جيبينراث صمد ولكن بدأ أكبر سنا. شيء بداخله قد تغير . يرجع هذا التغيير ليس إلى صدمة أو الأسى لفاة هندو ولكن إلى ما قام به نحو هيلنير. هانز ذهب الى هيلنير وحاول ألتحدث معه ولكن هيلنير استاء وقال له ماذا تريد. هيلنير أغلق عينية. وواصل هانز بصوت ضعيف جداً: "أنا آسف. لا أعرف ما إذا كنت تريد أن تصبح صديقي مرة أخرى، لكن عليك أن تغفر لي. افضل أن اكون في الجزء السفلي من الدفعة من أن الأمور تسير مثل هذا. إذا كنت ترغب في ذلك، يمكن أن نصبح أصدقاء مرة أخرى وإظهار للآخرين أن نحن لسنا في حاجة لهم."

67

وبعد بضعة أيام صداقتهما تسببت في قدر كبير من الإثارة في الدير. وهذه الصداقة كانت مختلفةً عن صداقتهما القديمة. قد أصبح هانز الطف وأكثر دفئا وأكثر حماسا؛ هيلنير أكثر نشاطا. الطلاب لا يحبون هيلنير و لم يستوعبو فهم هانز. وأصبح هانز أكثر حميمية وأكثر سعادة مع صديقه وأصبح اكثر بعداً من الدراسة. شاهد المعلمون في رعب تدهور هانز في الدراسة وتأثير هيلنير السئ عليه.

ووفقا لمبدأ المدرسة القديمة الجيدة , هانز وهيلنير كانوا يعاملون بقسوة مضاعفة فقط مدير المدرسة الذي كان فخورا بهانز الطالب الأكثر حماسا للعبرية، بذل محاولة لإنقاذه. كان مدير المدرسة ليس أحادي الجانب. أنه لا يفتقر إلى البصيرة والحكمة العملية ويمتلك قدرا من حسن النية تجاه من يحبهم باستعمال أسمائهم الأولى. ولكن عيبه الغرور ولا يقبل أي تدخل في سلطانه كمعصوم من الأخطاء.

"اجلس جيبينراث،" قال في لهجة رجل لرجل، أعطى مصافحة قوية للصبي الذين دخل باستحياء. "أود أن اقول لك كلمة. هل يمكن أن أدعوك هانز، ؟ "

"نعم سيدي الرئيس."

"ربما كنت قد لاحظت أن دراستك لم تكن جيدة في الأسابيع القليلة الماضية على الأقل في اللغة العبرية. قبل فترة قصيرة كنت أفضل كثيراً ولعل العبرية لا توفر لك قدراً من السرور كما من قبل؟ "

" لاسيدي الرئيس."

ولعل اهتمامك تحول إلى موضوع آخر؟ "

"لا سيدي الرئيس."

"ليس حقا؟ حسنا، ثم علينا أن ننظر لسبب

في أماكن أخرى. ألا يمكن أن تساعدني للعثور عليه؟ "

"أنا لا أعرف سببا...."

"وبالطبع، ابني. وبطبيعة الحال كنت تعمل واجباتك المدرسية لم يكن
لديك خيار كبير، ولكن كنت تحقق قدر أكبر من ذلك. كنت تعمل
بجد، أو على الأقل كنت أكثر اهتماما. وأسأل نفسي لماذا إنقطع هذا
الجهد فجأة؟ هل أنت مريض؟ " "لا"

"أو هل لديك صداع؟

"نعم، عندى صداع في كثير من الأحيان."

"هو عبء العمل اليومي كبير بالنسبة لك؟" " لا."

"أو مشغول بقراءة خارجية؟ كن صادقا ".

"لا، يا سيدي. "

"ولكن بعد ذلك أنا لا أفهم تماما، ابني العزيز. يجب أن يكون شيء
خاطئ في مكان ما. وسوف تعدني ببذل المزيد من الجهد؟ "

هانز وضع يده في يد المدير الذى نظر له بنظرة جادة وخطيرة.

"هذا هو الطريق، هذه هي الطريقة، ابني. فقط لا تفرط فيه أو سوف تسحب تحت العجلة. "

حينما شد على يد هانز، قبل أن يخرج طلب أن يعود وقال له.

"مجرد شيئا آخر، جيبينراث. أتقابل كثيراً هيلنير ؟ "

"نعم."

"أكثر من الآخرين، أعتقد. ؟ "

"لكن بالطبع. هو صديقي."

"ولكن كيف حدث ذلك؟ انتما مختلفان تماما عن بعضكما البعض ؟ "

"لا أعرف. هو صديقي، هذا كل ما في الامر."

"أنت تعرف، أنا إهتم كثيرا لصديقك. هو قلق و غير راض؛ ربما يكون موهوباً لكنه لم ينجز الكثير وليس له تأثير جيد عليك. أكون سعيدا إذا لم تراه كثيرا في المستقبل... جيدا؟ "

"لا يمكن أن أفعل ذلك، يا سيدي".

"لا تستطيع؟ لماذا لا يمكنك؟ "

"لأنه صديقي. لا يمكن أن اتركه. "

" ولكن هل يمكن قضاء المزيد من الوقت مع الآخرين ؟ كنت الوحيد الذي يتعرض للتأثير الضار من هيلنير والنتائج بدأت تظهر. ما هو الذي يجذبك نحوه؟ "

"أنا لا أعرف. ولكن نحن مهتمون لبعضنا البعض وسوف اكون جبانا اذا تركته. "

"انظر. حسنا، لن اجبرك ولكن أمل أن تخلص نفسك منه تدريجيا وأود ذلك كثيرا "

من ذلك اليوم بدأ هانز جادا في عمله المدرسى ولكنه لم يحرز تقدما سريعاً. يعلم أن صداقته مسؤولة جزئيا من هذا ولكنه اعتبر هذا ليس خسارة أو عقبة. هانز اجبر نفسه على النهوض في الصباح الباكر قبل ساعة من الوقت المعتاد ليشن معركة مريرة في دروسه لا سيما مع قواعد اللغة العبرية. وكان الدرس الوحيد الذى لا يزال يتمتع به هو هو درس التاريخ. مثل رجل أعمى يتحسسُ طريقه أوشك على فهم عالم هوميري. في التاريخ الأبطال لم يكونوا أسماء ولكن أطلو عليه أحياء. حتى أثناء قراءة الكتاب المقدس باليونانية وعلى وجه الخصوص حينما قرأ الفصل السادس لمارك حيث يترك يسوع قاربه مع التلاميذ و الكلمات:

"علي الفور عرفوه، وركدوا نحوه". فهانز رأي في خياله "ابن الإنسان" يترك القارب وعرفه في الحال لا بشكله أو وجهه ولكن بأعماق عينية المحببة المتوهجة على نطاق واسع. يمكن أن يحدث شيء مماثل على فترات وأن بعض شخصيات أو الأحداث التاريخية التي تبدو تواقة إلى العيش مرة أخرى. هانز شعر كما لو أنه قد نظر في الأرض المظلمة من

خلال تلسكوب أو كما لو أن الله ينظر له. هذه اللحظات الممتعة لا مبرر لها، واختفت غير مأسوف عليها مثل الحجاج لا تجرؤ على الكلام أو لا تجرؤ علي سؤالهم للبقاء لأن هناك شيء غريب وإلهي حولهم. أبقى هذه التجارب إلى نفسه، و لم يذكرها لهيلنير. الكآبة السابقة لهيلنير تغيرت الى عقلانية قارضة وضيق صدر منتقداً المعلمين ورفاقه والطقس و الحياة البشرية بشكل عام ووجود الله ولكن أحياناً يؤدي أيضا إلى أن يكون شَكِس أو مزح متهور سخيف. لأن هيلنير يعيش في معارضة كاملة لبقية الطلاب، هانز — الذين لم تفعل شيئا لمعارضة هذا — أصبح تماما مفصولا عنهم. بعد أن كان التلميذ المفضل الآن يعامل ببرود ولأسباب بديهية اهمل. وللغة العبرية خاصة (تخصص مدير المدرسة) فقد الحماس.

الوجوه عكست النطاق الكامل من الظلال بين تلاشي الطفولية إلى الرجولة في مهدها، وشخص لا يزال يفتقر إلى أشكال البلوغ قد تم دفعه الي جدية مؤقتة، تجاعيد علي الحواجب من دراسة كتب موسى. كلما تدهور هانز في أدائه الأكاديمي أكثر حزم على — تحت تأثير هيلنير — البعد من رفاقه. لم يعد طالب نموذجي. تشاجر في كثير من الأحيان، لا سيما مع هارتنير وينجر أوتو وعندما سخر الأخير منه هانز نسي نفسه وأجاب بقبضة اليد. وتلت ذلك معركة دموية. هيلنير لم يكن هناك لمساعدته. تلقى ضربا الي أن نزف من الآنف. لم يستطع النوم

وبات مستيقظا في الليل شاعراً بالعار والألم والغضب. لكنه أبقى الحادثة سراً من هيلنير. بداية الربيع بدأت أنشطة جديدة والحركات تزدهر في الدير.

ثم شيء غريب حدث لهانز أثناء الدرس . سأله البروفيسور لترجمة بعض الجُمل. وبقي جالسا. "ما هو معنى هذا؟ لماذا لا تقف؟ "صاح الأستاذ بغضب. لم يتحرك هانز. ظل جالسا منخفض الرأس و عينيه نصف مغلقة. صرخة الأستاذ أعادته من أحلامه ولكن صوت الأستاذ أتي من مسافة بعيدة على ما يبدو. شعر بجاره يدفعه. كان محاطاً بأشخاص آخرين، ويد أخرى تطرق له وأصوات أخرى تحدثت له؛ وعيون كثيرة كانت تحدق فيه – العيون الغريبة المليئة بهاجس كبير، متوهجة. وربما كانت أعين حشدا من الرومان قرأ عنهم في دروس التاريخ، ربما عيون بشر غير مألوفة له حلم بها أو شاهدها في لوحة.

"جيبينرات،"الأستاذ صاح، "هل أنت نائم؟"

هانز فتح عينية ببطء، حدق في دهشة في المعلم، وهز رأسه.

"بالتأكيد كنت نائما! أو يمكن أن تخبرني في أي جملة؟ "

وأشار هانس إلى الجملة الواردة في الكتاب.

"هل يمكن الوقوف؟" سأله الأستاذ . ونهض هانز.

"هل أنت تشعر بإعياء، جيبينرات؟"

"لا، سيدي."

"اجلس وأتي إلى غرفتي بعد الدرس".

في نهاية الدرس الذي أعطاه البروفيسور علامة لمتابعة وسأله "الآن قل لي، ما هو الأمر معك؟ ويبدو أنك لم تكن نائماً؟ "

"لا، سيدي الرئيس."

"لماذا لم تقف عندما طلبت منك ذلك؟"

"أنا لا أعرف".

"أو لم تسمع لي؟ هل يمكنك السمع؟ "

" سمعت."

"و لم تقف؟ وبعد ذلك كان مظهراً غريبا في عينيك. ماذاكنت تفكر ؟ "

"لا شيء. أردت أن اقف. "

"ولكن لماذا لم تقف؟ "

" لا أعرف ماذا كان. "

"أتعانى من صداع؟"

"لا"

" يمكنك الذهاب الآن. "

قبل العشاء وجد الطبيب في انتظاره. قال الطبيب بعد الكشف علي هانز "تلك اضطرابات عصبية طفيفة لا غلق منها سيدي الناظر، دعه الي قليل من الهواء النقي كل يوم". ووصف له قطرات قليلة للصداع. هانز سُمح له بقضاء ساعة في اليوم بعد العشاء في الهواء

الطلق. وقد منع مدير المدرسة منعا باتا، إيلنير مرافقته. بذل هانز جهدا كبيرا للتركيز أثناء القراءة والعمل. إذا أراد أن يذكر مفردات اللغة العبرية، عليه أن يتعلمها خلال نصف ساعة الأخيرة قبل الحصة. وبينما لاحظ مع يأس كيف ذاكرته بدت غير قادرة على استيعاب أي شيء جديد، وازدادت فقراً وغير جدير بالثقة من يوم إلى آخر. ذكريات من أيام سابقة تسرع عليه مع وضوح مشؤوم وبدت غريبة ومقلقة. في منتصف الدرس أو أثناء القراءة فجأة يجد نفسه يفكر في أبيه أو *أنا* مدبرة المنزل أو أحد المدرسين السابقين أو زملاء الدراسة وقفوا أمامه وسلبوا انتباهه الكامل لفترة. كما عاش مشاهد من إقامته في *شتوتغارت*، ومن الدراسة والإجازة، مرارا وتكرارا، أو يتخيل نفسه جالساً على النهر حاملا قصبة الصيد، رائحة الماء درجة حرارة الشمس. عادت له تلك الأيام في قريته.

تجول هانز حول الدير وصادف هيلنير وأخبره عن قريته و عن أبيه و عن الذهاب إلى الصيد ومدرسته. نصت اليه صديقة بكل هدؤ.

"أنت، هانز،" هيلنير بدأ أخيرا. وكان صوته غير متأكد ومتحمس.

"ماذا؟"

" لا شيء."

"لا، قل."

"أنا فكرت — لأنك قلت لي بعض الأشياء عن نفسك —"

75

"ماذا؟"

"أخبرني، هانز، ألم تكن ابدأ وراء فتاة؟"

لم يتحدثا ابدأ عن هذا الموضوع قبل ذلك. هانز خائف من هذا الموضوع، ومع ذلك اجتذب إليه. احمر وجهه خجلا وارتعدت أصابعه. وقال "مرة واحدة"، في صوت خافت. "وكنت طفلا ".

"وأنت هيلنير؟"

قال له هيلنير. " ننسى ذلك! . . . أنت تعرف لا ينبغي أن نتحدث عنه، و لا جدوى له. "

"لكن هناك، هناك!"

"لى حبيبة".

"أنت؟ حقا؟ "

"في بلدتنا. فتاة الجوار. وهذا الشتاء أعطيتها قبله ".

"ألم تقل أي شيء؟"

"لا "

"وبعد ذلك؟"

"وبعد ذلك – لا شيء."

هانز ذهب من سيء إلى أسوأ في واجباته المدرسية. بدأ المعلمون ساخطين عليه وبدأ مدير المدرسة غاضباً ولاحظ الطلاب كيف انخفض مستواه و لم يعد يهدف للمرتبة الأولى. فقط هيلنير لم يلاحظ لأي شيء

غير عادي لأنه لا يعني بالدروس المدرسية الكثير. هيلنير ركز كل اهتمامه على صديقه و تحدي توجيهات مدير المدرسة ورافق هانز عدة مرات وقرأ له قصائد بصوت أو أسمعه النكات حول مدير المدرسة. هانز مازال يأمل أن هيلنير يستمر في الحديث عن مغامراته الرومانسية. الآن بداية الربيع هذا الموسم جميل اتاح لهم الفرصة للترفيه وتعريف النباتات والألعاب في الهواء الطلق.

بعد أن علم مدير المدرسة أن هيلنير يصطحب هانز كل يوم، غير عابئا بتوجيهاته دعاه الي مكتبه. وأكد هيلنير أنه صديق جيبينراث ولا احدا له الحق في منعهما برؤية كل منهما الآخر. عوقب هيلنير بالإقامة الجبرية لبضعة ساعات في حجرته، ويمنع منعا باتا من الانضمام إلى جيبينراث خلال الأسابيع القليلة المقبلة.

وفي اليوم التالي غاب هيلنير من الدرس و لم يعثر عليه في الدير. خرجت دوريات من الطلاب والمدرسين للبحث عنه. أنذرت جميع مراكز الشرطة في المناطق المحيطة ببرقية وفي المساء أرسلت رسالة لوالده. الجميع اعتقد ان هانز يعلم سراً. ولكن هذا ليس هو الحال. على العكس من ذلك كان هانز قلقا علي صديقه. وفي ذلك الوقت كان هيلنير في الغابة بضعة أميال من الدير. كان البرد في أشده و لم يستطع النوم ولكن تنفس مع شعور عظيم ومدد أطرافه كما لو أنه هرب من قفص ضيق وما يهم أكثر هو أنه هرب من الدير وأن إرادته أقوى من مراسيم وأوامر مدير

المدرسة. وفي اليوم التالي نحو المساء، وكان على وشك زيارة قرية أخرى، قبضه البوليس وأودعه قاعة المدينة. فطنته والاطراء على رئيس البلدية، جعلت رئيس البلدية ياخذه الى منزله وهناك أكرمه بعشاء سخي ووضعه على سرير. في اليوم التالي جاء والده واخذه معه.

الإثارة كانت كبيرة في الدير عندما أعيد الهارب. رفض أن يتأسف علي فعلته ويعتذر. طرد في خزي من المدرسة وفي المساء غادر مع والده. استطاع أن يودع صديقه هانز لمدة قصيرة. هيلنير لم يسمع منه واصبحت قصته أسطورة.

اصبح هانز منبوذاً من مدير المدرسة والأساتذة وكأنه مصاب بداء الجذام. هانز أبقى نفسه على قيد الحياة بالاعتماد على المعارف المكتسبة سابقا. ثم بدأ الموت البطئ. تخلى عن هوميروس وعلم الجبر واصبح تقييم أدائه صفراً. قابل انتقاد وسخرية مدير المدرسة بإبتسامة ضعيفة. لا أحد، باستثناء ربما ويدريتش المدرس المتعاطف قد كشف خلف ابتسامة الصبي معاناة روح تغرق. ولم يخطر علي بالهم أن هذا المخلوق الهش قد قلص إلى هذه الحالة بحكم المدرسة والطموح الهمجي لوالده ومعلم المدرسة المتوسطة. لماذا أجبر على العمل حتى في ساعة متأخرة من الليل أثناء فترة حياته الأكثر حساسية وهشاشة؟ لماذا ينفر من أصدقائه في المدارس الثانوية؟ لماذا يحرم من الراحة المطلوبة ويحظر على الذهاب الصيد؟ لماذا لم يمنح إجازته بعد الإمتحانات؟

قبل حلول الصيف طبيب المقاطعة مرة أخرى شخّص حالة هانز كاضطراب عصبي وطلب منه خلال العطلة، أن يأكل جيدا ويمشي في الغابة. ثلاثة أسابيع قبل العطلة الصيفية وأثناء الدرس بعد الظهر كان الأستاذ حاد اللسان معه. وحينما صاح البروفيسور، هانز بدأ يرتعد واخذته نوبة طويلة من البكاء أدت الى تعطيل الدرس. وأمضى باقي اليوم في السرير.

في اليوم التالي، طلب منه خلال حصة الرياضيات رسم شكل هندسي على السبورة. وهو في إتجاه السبورة شعر بالدوار، وسقط على الأرض غير قادر على الوقوف. قرر الطبيب إحالة هانز الي إجازة مرضية واستدعاء أخصائي أعصاب. وكتب رسالة إلى الأب جيبينراث، وضعها في جيب الصبي وأرسل الي قريته. مثل مدير المدرسة، أدرك أنه لن يعود ابدأ. و هذه نهاية أيامه الأكاديمية ودراساته، وجميع الآمال الطموحة. رغم ذلك لم يكن حزينا بيد أنه كان قلقاً لخيبة أمل والده. أنه اشتاق لشيء واحد فقط في الوقت الحاضر--الراحة، والنوم و البكاء و أن يحلم و أن يترك في سلام. في نهاية الرحلة عاد اليه الصداع . قابله والده بقلق لحالتة العصبية التى ذكرها مدير المدرسة والطبيب خاصة وأن لا أحد في أسرته عان من اضطرابات عصبية. اليوم الأول كان الصبي سعيداً لحرص والده ومعاملته معاملة كريمة. تجول في الغابة وكانت تراوده أحلاما حول صديقه هيلنير، ومدير المدرسة والمدرسين

وزميله الذي مات غرقا. خلال هذه الأسابيع هانز أدرك لأول مرة أنه لا أصدقاء له خلال العامين الماضيين في المدارس الثانوية. بعض من رفاقه السابقين غادروا المدينة تماما، وآخرون أصبحوا يتدربون لاعمال يدوية. المعلم اللاتيني والقس يعطيانه إيماءة ودية عندما يصادفهما في الشارع. وهكذا شعر الصبي أنه مهجور وغير محبوب؛ وجلس في الحديقة الصغيرة أو تجول في الغابات وسلم نفسه إلى أحلامه أو أفكاره الموجعة. أنه لم يتمكن من العثور على العزاء في القراءة لأن عينية ورأسه تولمانه بمجرد فتح كتاب، ويعود شبح أيامه في الأكاديمية وجميع مخاوفه تخيم عليه مع الأحلام المروعة. في هذه الحالة اليائسة والبائسة، اقترب شبح التفكير في الموت. التفكير في الموت رافقه في جولاته اليومية. كان يتفقد مختلف الأماكن الهادئة موضعا لنهاية حياته بالانتحار. تذكر بعض المقاطع من أيام المدارسة الثانوية:

"أوه، أنا منهك

أوه، أنا ضعيف

لا مال في محفظتي

ولا شئ في حقيبتي. "

سمعه والده يهمهم هذا المقطع فصدم وتحسر لتدهور عقلية إبنه ومن ذلك اليوم فصاعدا بدأ يراغب ابنه وبطبيعة الحال، لاحظ هانز هذا مما جعله يعاني أكثر. والآن قد مضت الإثني عشر شهرا منذ الدراسة

والعطلات الصيفية التي تلت. هانز فكر مرة أخرى في تلك الأحداث ولكن دون شعور بأي عاطفة وحساسية. كان يود أن يذهب للصيد مرة أخرى، لكنه لم يجرؤ أن يسأل والده للحصول على إذن. حتى الآن كلما جاء قرب الماء ووقف في أي فترة من الزمن في مكان حيث لا أحد يمكن أن يراه، عينية بشغف يتبعان حركة الأسماك. كل يوم نحو المساء خرج للذهاب للسباحة. ولأنه كان عليه أن يمر بمنزل *"المفتش جيسلير"* اكتشف بالصدفة عودة *جيسلير أيما*. نظر اليها بضعة مرات، بل لم يعد يميل لها. كانت *أيما* رشيقة القوام والآن أصبحت مكتزة إختلف كل شئ الأن.

الخريف ترك بصماته شجر الزّان والبتولا تحمل مشاعل صفراء وحمراء بين اشجار الراتينج الداكنة. تأرجح الضباب في الوديان لفترات أطول والنهر يتبخّر في الصباح.

هانز، الشاحب الأكاديمي السابق ما زال يجوب الريف كل يوم. وشعر بعدم السعادة وتجنب اصطحاب الناس وعاش في عزلة. يجب أن يكون لكل شخص سليم هدفا في الحياة ذات محتوى ولكن هانز فقد كليهما. وقرر والده أن إبنه ينبغي أن يصبح كاتب أو يكون تِلْمِيذ لبعض الحرف. ولكن كان الصبي لا يزال ضعيفاً ويحتاج إلى استعادة أكثر لقوته. ومع ذلك رأى الأب إن الوقت قد حان للحصول على جدية معه.

لم يعد هانز يرى في الانتحار حلا وانتقل من حالة هستيرية لا يمكن التنبؤ بها من الخوف إلى واحدة من الكآبة الرتيبة.

كان الناس مشغولين بصنع عصير التفاح ورائحة تخمر عصير التفاح تأتي من جميع أنحاء المدينة. الاسكافي *فليج* قد استأجر عصارة تفاح ودعا هانز لمساعدته في العمل. كانت أيام رائعة للجميع. جميع الأطفال يركضون وفي ايديهم كوب وكل يمسك بقطعة تفاح وقطعة كبيرة من الخبز. مئات أصوات تصرخ بسعادة وبهجة. هانز وصل إلى عصارة *فليج ورحب به* الاسكافي وتبودلت بعض من النكات. اقتربت فتاة وأعطت *فليج* وهانز ضحكة مشرقة، وبدأت مساعدتهم. وقال الاسكافي إنها بنت أخيه من هايلبرون. وبطبيعة الحال أنها تستخدم لنوع مختلف من الحصاد إذ في بلدها يكثر العنب. كانت حوالى ثمانية عشر أو تسعة عشر سنة، رشيقة وجميلة وذات شخصية جيدة. أشرقت عينيها الداكنة الدافئة ووجهها الذكي وفمها الجميل. بالتأكيد فإنها تبدو مثل فتاة هايلبرون الصحية والحيوية ولا تعطي انطباعا بأنها أحد أقارب الاسكافي المتدين. هانز فجأة بدأ قلقا وتمنى أن تغادر *أيما* قريبا. ولكنها بقيت تضحك وتغني وتتحدث وتعود بسرعة إلى كل نكتة. هانز شعر بالخجل ولزم الصمت. وحاول أن يبدو وكأنه اصيب بالملل؛ ولكنه لم ينجح وبدا وكما لو كانت هناك حالة وفاة في الأسرة. كانت الفتاة مرحة وخلقت جواً من المرح بين الجميع وخاصة الأطفال. طلب منه

فليج مواصلة العمل مع *أيما* *إذ أنه يود* *العودة* إلى المحل لمساعدة زوجته. استمالته أيما بمرحها وضحكها ولدهشته أخيراً شاركها المزح. واعطته من كأسها بعد أن شربت منه. وأزدادت ضربات قلبه و تنفس بصعوبة كبيرة. الذكريات اتت خلال عقله مثل بضع جمل من الروايات وحديث صديقه هيلنير، وكتلة من الكلمات وقصص وتلميحات خلال المحادثات ايام الدراسة حول "الفتاة" و ماينبغي إذا كان لديك حبيبة. كل شيء تغير. أصوات معزولة والضحك تحولت كستار لا يمكن تمييزه من الضوضاء؛ النهر والجسر القديم بدأ بعيداً كلوحة. بدأت *أيما* مختلفة. لم يعد يرى وجهها كاملا فقط عينيها الداكنتان السعيدتان أحمر الفم، حادة الأسنان البيضاء ثم حفنة من تجعيد الشعر باتت فضفاضة في الجزء الخلفي من رقبتها، والثديان بارزان. وعندما انحنت لتناول كأسها ضغطت ركبتها على معصمه انحنى ولاصق وجهة علي شعرها. وعندما نهض مست ركبتها يده وشعرها خدش خده. قلبه إرتجف و ذراعيه أصبحت ضعيفة. ومن تلك اللحظة يكاد لا ينطق بكلمة أخرى وتفادي نظراتها. ومع ذلك وبمجرد أن تنظر بعيداً وجد نفسه يحدق فيها بمزيج من رغبة غير مألوفة وبضمير سيئ. في هذه الساعة كسر شيء بداخله. أنه لا يعرف أو يمكن فقط تخمين ما عذاب الخوف و لم يدري ايهما أقوى، الألم أو الرغبة. ولكن الرغبة تعني انتصارا لشهوانية المراهقة. يجب العثور على طريقته الخاصة، ويكون المنقذ لنفسه. شيء

83

جيد أن المبتدئ عاد وأراحه من العمل . هانز بقي لفترة من الوقت،
على أمل كلمة ودية من *أيما*. ولكن لأنه محرجا أمام المبتدئ، تراجع
دون أن يقول وداعا. شعر بتوقعات رائعة، ولكنه شعر أيضا أن كل هذا
حلم لن يتحقق.

سأله والده من أين أتى . أخبره أنه كان مع *فليج* وساعده في العصارة.
هانز طلب السماح له بدعوة أطفال *فليج* عندما يبدأ عصارته. وافق
الأب. هانز تمشي عبر الحديقة وصورة أيما في ذهنه وكلما بدر منها
أشعل فيه الرغبة والارتجاف.

بعد الشمس دلفت للمغيب لم يشعر بالبرودة. نظر إلى الغسق
المتنامي مثل حجاب غني بالوعود السرية التي لم يستطع تسميتها. أجل
أدرك أنه وقع في غرام فتاة من هيلبرون.

بعد العشاء سأله والده إن كان يريد أن يكون ميكانيكي أو
كاتب. وأنه يمكن أن يبدأ التلمذة الصناعية مع ميكانيكي. وامهله أن
يفكر حتى غدا. هانز نهض وذهب للخارج. كانت مسألة مفاجئة لهانز
وبشكل غير متوقع. ثم تذكر صديقة ايام المدرسة *أغسطس* والذي
أصبح ميكانيكي يمكن أن يسأله. فجأة أمسك قبعته وغادر المنزل وسار
ببطء إلى الشارع. وقرر أن يرى *أيما* مرة أخرى اليوم. توقف عند بيت
فليج ولم يكن لديه الشجاعة للدخول. هانز تسلل وراء البيت للبحث
في غرفة المعيشة المضاءة من سور الحديقة. أنه لم ير رب البيت ولا

زوجته في أي مكان. إبنهم الكبير لا يزال جالساً إلى طاولة ويقراء. *أيما* تمشى ذهابا وإيابا. بجوار نافذة غرفة المعيشة نافذة صغيرة غير مضاءة . بدأ من هذه النافذة شكل غير واضحاينظر خارجا في الظلام. هانز تعرف علي شكل *أيما* وهي تنظر من النافذة. واختف الشكل من الإطار. *أيما* خرجت من المنزل الي الحديقة. هانز كان خائفا ثم مكث يميل علي لجدار غير قادر على التحرك وشاهد الفتاة تقترب منه ببطء في الحديقة المظلمة. مع كل خطوة شعر بالحاجة إلى الهروب ولكن شيء أقوى احتجزه إلى الوراء.

الآن *أيما* وقفت مباشرة أمامه ثم سألت:

"ماذا تريد، هانز؟"

"لا شيء".

قالت بصوت منخفض جداً:

"هل تريد أن تقبلني؟"

بخجل وضع شفتيه على فمها. وجفل إلى الوراء يرتجف ولكن الفتاة ضغطت وجهها إلى وجهه وقبلته وتشبثت به كما لو أرادت أن تستنزف كل الحياة منه. إرتجف وتغيرت رغبته إلى تعب مميت وألم، وعندما تركته أيما شعر بالدوران واتكأ على السور . وطلبت منه أن يأتي في مساء الغد. لا يزال يمسك بالسور، وشعر أنه متعب جداً. كما

لو كان في المنام استمع إلى دمه يقصف عن طريق دماغه بغير انتظام ، موجة موجعة قادمة من القلب لم تمهله للتنفس.

كان الوقت متأخرا في الليل قبل سقوطه في نوم قاده في رحلة من حلم إلى حلم. حلم بها وغرقا معا في فيضانات عميقة دافئة. فجأة كان هناك الإسكافي وسأله لماذا رفض زيارته؛ ثم ضحك هانز عندما لاحظ أنه لم يكن *فليج* لكن *هيلنير* الذي جلس إلى جانبه في مولبرون يسمعه النكات. ولكن هذه الصورة أيضا اختفت مرة واحدة، وأنه مع *أيما* حول عصارة التفاح. في صباح يوم مشرق، مشمس. توجهه سيرا على الأقدام صعودا وهبوطاً في الحديقة.

في الظهر ذهب إلى البحث عن *أغسطس* ليحدثه باقتراح والده. شرح له نوع العمل ووعده بمساعدته. وقال له أنه سوف يتحصل على أول مرتب له يوم السبت ويوم الأحد سوف يحتفل بالبيرة والكعك. ودعي هانز للمشاركة مع بعض الأصدقاء. وفي الغداء أبلغ هانز والده أنه يود أن يصبح ميكانيكي، وردا على سؤال عما إذا كان يمكن أن بدء العمل في أسبوع. وبعد الظهر اخذه والده الي ورشة *شولر* للعمل.

في المساء ذهب للقاء *أيما*. وقفت أمامه فتحت بوابة الحديقة. جلسا أعلى الدرج. كانت الفتاة في حالة معنوية مرتفعة، أحاطت رأسه بيديها وامطرته بالقبلات علي عينية وخديه، وعلي فمه زمنا طويلاً وبشدة الى أن شعر بالدوار. ضحكت بهدوء، وقرصت أذنه. وتحدثت كثيراً

واستمع و لم يعي ماذا يسمع وترك كل شيء يحدث. وقالت بضحك. "أنت لا تحاول أي شيء على الإطلاق." مجددا صارت تقبله وتحضنه. أغلق عينية وتحسس جسمها وتاه في أعماق لا نهائية. وسألته "الا تحبني؟". لم يقل شيئا ولكن عبر بإيماءة برأسه بأنه يحبها. قال عليه أن يذهب الي المنزل الأن. عندما كان يحاول الوقوف بدأ يترنح وعلي وشك السقوط إلى أسفل الدرج.

"ما هي المسألة؟" سألته *أيما* بدهشة.

"لا أعرف. أشعر بالتعب "

على الجسر اضطر إلى الجلوس. شعر بالتعب. جلس على الدرابزين، استمع إلى المياه تصطدم بالأعمدة والسياج . ثم جاء المنزل ونام نوما عميقاً.

وبدأ العمل في عصارة والده ولكن لم تأت *أيما* وعلم انها سافرت الي بلدها. تألم وغضب كثيراً.

جاء يوم الجمعة لبدء تدريبه في الورشة. وجد صديقه *أغسطس* مشغول وطلب منه الانتظار عند الباب حتى يأتي المعلم. جاء المعلم وشرح له طريقة العمل.

بعد عمل شاق توجه إلى منزله لمدة ساعة للغداء.

اثنين من معارفه من المدرسة إلتقيا به في الشارع وهتف أحدهم "أكاديمي ميكانيكي!" بسخرية. و لم يلتفت لهما وسارع الي منزله.

وجد نفسه يفكر في *أيما*. وكان الغداء عذاب محض. للإجابة على أسئلة متنوعة من والده عن العمل. وقضى خمسة عشر دقائق استغراق في أحلام اليقضة في الشمس. ثم حان الوقت للتوجه إلى العمل. عند نهايت العمل ابلغه *أغسطس* أنه واثنين من الأصدقاء ذاهبون إلى *بلاك* في اليوم التالي. أخبر والده أنه ذاهب الي *بلاك* لفترة ما بعد الظهر مع *أغسطس* وبعض الأصدقاء. والده لم يعترض و أعطاه خمسون فينج وطالبه أن يعود لتناول العشاء.

استقبله *أغسطس* بروح مرحة. واخبره سيكون هناك على الأقل أربعة منهم، ما يكفي لقلب القرية بأكملها رأسا على عقب. كل شخص يمكن أن يشرب كل البيرة كما يريد اليوم وسوف يقوم بدفع الحساب. وقدم لهانز سيجار ثم ساروا بفخر عن طريق المدينة، واسرعت خطواتهم في *ليندينبلاتز* للوصول إلى *بلاك* في الوقت المناسب. دلفوا الى حانة في قرية *بلاك* كانت مكتظة بالناس وكان عليهم الجلوس في الخارج في الحديقة. وبدأ احتساء البيرة بكميات مهوله وضحك باستمرار. البيرة كانت ممتازة وباردة وغير جافة جداً. هانز شعر بالمتعة وهو ينظر الي *أغسطس* يشرب بمتعة ويدخن مثل مدخنة. واستمتع بالضحك المتواصل والنكت وسرد المغامرات.

بعد دفع فاتورة الحساب خرجوا الي الشارع. هانز بدأ يشعر وكأن شيئا مثل حجاب رقيق على عينية خلاله كل شيء يبدو غير

واقعي وأكثر بعدا كما في الأحلام. في محل "زاوية حادة" حيث البيرة تباع بالزجاجة فطلب كل منهم زجاجة مع فطيرة التفاح. فجأة شعر هانز بالجوع وأكل عدة شرائح في تتابع سريع. هانز جرع من زجاجته عدة جرعات من البيرة وتساءل عما إذا كان يمكنه شراب الزجاجة كاملة. فجأة أصبح يدرك أن شيئا لم يكن تماما معه. كل شئ اصبح يدور حوله الغرفة والزجاجات ورفاقه. تمالك نفسه وشاركهم في الغناء والضحك. وضعت زجاجة جديدة أمام هانز. وعندما شرب الزجاجة الثانية، وجد أنه يجد صعوبة في التحدث والضحك. شعر بالرغبة في التحرك من مكانه وبعد عدة خطوات شعر بدوار. علم أنه في حالة سكر شاهد على مسافة كبيرة كل أنواع المحن تنتظره: متاعب الطريق إلى المنزل، مع والده والعودة صباح اليوم التالي للعمل. تدريجيا بدأ رأسه يؤلمه. خرجوا إلى الشارع وكان هانز غير قادراً على المشي وانحنى على *أغسطس*. في الطريق مروا بمحل *سوان* أصر أحدهم للدخول لمزيد من الشراب ولكن هانز عند المدخل اصر أن يعود إلى منزله. وقالو له لا يمكنه المشي لوحده. شعر هانز بزجاجة في يده و انسكب قدرا كبيرا منها والباقي أسفل حنجرته مثل النار. اهتز بشعور قوي من الغثيان. خرج وحده من القرية. ماذا كان يقول لوالده؟ جلس علي العشب بجانب شجرة تفاح. أبقته الأحاسيس البشعة والمخاوف المؤلمة منعته من النوم. وأنشد:

محمد محمود يوسف

"O du lieber Augustin,

Augustin, Augustin,

0 du lieber Augustin,

Alles ist hin."

وشعر بالم فظيع وفيضانات غامضة الصور غير واضحة والذكريات
والعار هرعت نحوه. وبصوت عال غرق في البكاء. وبعد ساعة وفي
الظلام نهض ومشى مع جهد كبير أسفل التل.

والده جيبينراث اطلق مجموعة من لعنات مدوية عندما لم يحضر هانز
لتناول العشاء.

هذا الصبي الذي كان هدفا لجميع هذه التهديدات كان ينحرف
ببطء بتيار النهر البارد. الغثيان والعار والمعاناة قد غادرته الى الأبد. لا
أحد عرف كيف غرق. ربما قد فقد طريقه وجاء الى ضفة النهر ليروي
عطشه، وقد فقد التوازن؛ ربما كان منظر المياه الجميلة قد اجتذبته وربما
الملل والخوف قاداه الى ظل الموت.

جثته عثر عليها خلال النهار. الجنازة اجتذبت عددا كبيرا من
المتفرجين. هانز جيبينراث أصبح من المشاهير مرة أخرى. الناظر
والمعلمين والقس مرة أخرى تشارك في مصيره. كلهم كانوا يرتدون
سترات أفضل وقبعات أعلى. وتوقفو لحظة عند قبره يتاهمسون فيما

بينهم. المعلم اللاتيني بدأ حزيناً والقس قال له "نعم، أستاذ، كان يمكن حقا أن يصبح شخص ما".

جنبا إلى جنب مع الأب و *آنا* بكت دون توقف، ظل فليج واقفا جانب القبر وقال لابيه انه كان مولعا بالصبي أيضا.

وأشار الاسكافي نحو المعاطف تختفي عبر بوابة الكنيسة. "هناك رأيت اثنين من السادة"، قال بهدوء، "الذين ساعدو على وضعه هنا الآن".

محمد محمود يوسف

الفصل 4

إذا استمرت الحرب

ليست وظيفة الحب أن تجلب السعادة،
بل إني أعتقد أنه موجود ليبين لنا قدرتنا على الاحتمال.
هيرمان هيسى

اعتراضاته ومواقفه ضد الحرب انعكست في كتابه "اذا استمرت الحرب[1]". وكتب عن نفسه "إيماني السياسي هو ديموقراطي ونظرتي للعالم نظرة فردانية[2]". يعني نظرتة الإجتماعية بتفضيل حرية الفرد على سيطرة الدولة أو السيطرة الجماعية. وفي كتابه هذا خاطب اصدقائه بعد اتهامهم له بالخيانة للوطن وقال لهم "أيها الأصدقاء ليس بهذة اللهجة" وعدد لهم مساوى الحرب والدمار الذى سوف تسببه للوطن وماحوله. وكتب مخاطبا وزيرا في الحكومة الألمانية "في هذه الامسية وبعد عمل شاق طلبت من زوجتي ان تسمعني سوناتة من بيتهوفن. و مع سماع صوت الموسيقى عدت من عالم الهَرْجُ والمَرْج والقلق إلى العالم الحقيقي يعطينا متعة وعذاب, والواقع الذى نعيشه ونعيش من أجله. وقرأت

موعظة في السلوك بعبارة أساسية "تقول لاتقتل" . سعادة الوزير بالرغم من هذا لم أستطيع النوم واصابنى قلق واضطراب وفجأة تذكرت خطبة لك قلت فيها ان حكومتك تدعو للسلم ولستم دعاة حرب وقلت ولكن لم يحن بعد الوقت للمفاوضات وليس لنا خيار سوى ان نذهب الى شن حرب بشجاعة. السيد الوزير موسيقة بيتهوفن وكلمات الكتاب المقدس كليهما ماء من نفس النبع اما خطابك و خطاب زملائك الحكام لا ينبعان من ذلك النبع لفقداهما الحب والإنسانية. "

الكتاب يحتوى على مجموعة من المقالات مرطبتة بحرب 1914-1918 والتى نشرها كاتبنا في صحيفة 'نيو زيورخ الخبرية' ومنذ ذلك الوقت لم يغفر له في ألمانيا لموقفه الإنتقادي للوطنية والنزعة العسكرية. أهدى الكتاب لصديقه رومان رولاند[3] الكاتب والأديب الفرنسى. جمع هذه المقالات في هذا الكتاب لم تكن مهمة سعيدة للمؤلف. لم تكن ذكريات ممتعة. على العكس من ذلك، كل مادة ذكرته اضعاف المرات بالمعاناة والنضال والشعور بالوحدة. و للتخفيف من حدة هذه الظلال القبيحة والتي تصاعدت حدتها في السنوات الأخيرة تذكر الكاتب شيء جميل ودائم واحد جاء له خلال تلك الصراعات والعذاب، مذكرة من الجمال والنور وصلته من رومان رولان عندما نشر المقالة الأولى من هذه المواد يوما ما في عام 1914 يشاطره الرأي و هي الوحيدة التي وصلته في خضم المعاناة خلال تلك الظروف الغاسية

عندما إنفض من حوله الاصدقاء والمعارف. في تلك المحنة وجد رفيق يشاطره وكان أحد الذين يقفون ضد العبث الدموي للحرب وهوس الحرب وهذا رفيق دربه ولم يكن ذا معرفة به كثيرا غير أنه ألف الجزء الأول من جان كريستوف ولكن لم يكن يعرف عنه أكثر من ذلك. كما قال كاتبنا "كان رولاند رجل أعلى بكثير بالنسبة لي في التعليم والوعي. أنه شيء عظيم ومفرح أن تعلم أن في فرنسا، في مخيم العدو، كان هناك رجل ضميره لم يسمح له بالصمت أو المشاركة في الطقوس العربيدة السائدة للكراهية والتعصب القومي المهووسين. ولا خلال سنوات الحرب ولا بعد ذلك ناقشت السياسة مع رولان؛ ولكن أشك أن عشت خلال تلك السنوات دون دفء صداقته. فكيف يمكن أن أفشل في التفكير فيه الآن؟ بقينا أصدقاء حتى الموت. المسافة الجغرافية بيننا وكذلك الثقافات المتباينة وعادات التفكير التى نمينا فيه الي عهد الرجولة جعل من المستحيل بالنسبة لي أن أصبح تلميذه أو أن افهم الكثير مثله في المسائل السياسية. قد أتيت السياسة في وقت متأخر جداً، عندما قاربت الأربعين سنة عندما استيقظت بواقع الحرب الشنيعة، والرعب تأثيراً عميقا في نفسي والسهولة التي التحق بها زملائي بالخدمة العسكرية . وأنا قد تكبدت الهجمات والتهديدات والشتائم."

كاتبنا منذ نشر مقالاته عن الحرب العالمية الاولي وحتى عام 1923 كان لا يزال مواطنا ألمانيا, لم يغفر له ابدأ في ألمانيا لاتخاذه موقفا

حاسما نحو حب الوطن والنزعة العسكرية. رغم ذلك بعد الحرب المفقودة، شعر وانتبه كثيرا إلى المسالمة والنزعة الدولية. شريحة معينة من السكان الألمانية أحيانا رددو أفكاره، ولكن بقي كائن من انعدام الثقة. قبل فترة طويلة من الانتصارات الأولى للاشتراكية القومية، اعتبر كاتبنا من الجهات ألألمانية الرسمية شخصية مشبوهة وغير مرغوب فيها. انتقم حزب هتلر وحارب كتبه واسمه و الناشر.

إلقاء نظرة على جدول المحتويات في هذا الكتاب حينما يسمي مقالاته سياسية يضع كلمة 'السياسية' بين قوسين لان ليس من السياسة في المقالة من شئ ولكن الجو التى ظهرت فيه هذه المقالات جعلها تبدو سياسية. وكما قال كاتبنا: ولكن هذا فإنه ينبغي أن لا يستنتج منه أنى انتكست في النوم في ما بين وحولت ظهري على الشؤون الراهنة. أسفي الشديد، وهذا كان من المستحيل بالنسبة لي منذ الصحوة القاسية الأولى في الحرب العالمية الأولى. أي شخص ينظر إلى عملي ككل سوف يلاحظ أنه حتى في سنوات عندما لم أكتب شيئا عن الشؤون الراهنة ، الشعور بالكارثة الوشيكة، والحرب لم تفارقنى ابدأ. وكتابه ستيبينوويف(Steppenwolf)، الذي كان في جزء منه صرخة تحذير ضد الحرب الوشيكة والذى هوجم وسخر منه. عكس السياسية كان يسعى في كل واحدة من هذه المقالات لتوجيه القارئ لا في المسرح العالمي مع مشاكله السياسية بل الى عمق ضميره الشخصي من هذه الأحداث.

والكاتب على خلاف مع المفكرين السياسيين من جميع الاتجاهات وهو دائماً، يؤمن بفردية الشخص وروحه. هو فردي ويخشى ظهور الجماعية دون الروح الفردية ومن المؤسف هذا ربما يقود الى التخلص من التقاليد الدينية وفردية البشرية.

سوف نسرد بعضا من مقالات الكاتب في هذا المضمار والتي تكشف مدى صلابته وكفاحه ضد الحرب والعنف و تلقي الضوء علي فلسفته في الحياة.

إذا كانت الحرب مستمرة عامين آخرين

"نهاية عام 1917. منذ أن كنت صبيا لقد اعتد من حين الى آخر أن أختفي لاستعادة نفسي بغمري في عوالم أخرى. أصدقائي يبحثون عني وبعد وقت يجعلوني من المفقودين. وعندما عدت ينظر لي كنوع غريب؛ وأعتقد البعض إني مصاب بالجنون وآخرون إعتقد لي سلطات معجزة. مرة أخرى، أنا اختفيت منذ فترة. الحاضر فقد سحره بالنسبة لي بعد سنتين أو ثلاث سنوات من الحرب، وأنا انزلقت بعيداً لكي أتنفس هواء مختلف. وغادرت المنبسط الذى نعيش عليه وذهبت للعيش على منبسط آخر. أمضى بعض الوقت في المناطق النائية من الماضي، وتسابق من خلال الأمم والأزمنة دون العثور على اطمئنان، لاحظت

الصلب المعتادة والمؤامرات، وحركات التقدم على الأرض، ثم انسحبت لفترة من الوقت إلى الكونية."

وعندما عاد، كان عام 1920. خاب أمله إذ وجد الأمم لا تزال تقاتل بعضها البعض بعناد طائش. وقد تحولت بضع حدودها؛ قد دمرت المواقع من الثقافات القديمة، ولكن وبشكل عام، لم يتغير شيء يذكر في الجانب الخارجي من الأرض. وقد أحرز تقدم كبير نحو تحقيق المساواة في أوروبا على الأقل واصبحت جميع البلدان شبية؛ وقد اختفت تقريبا الفروقات بين البلدان المتحاربة والمحايدة. منذ الأخذ بالقصف من البالونات التي اسقطت تلقائياً قنابلهم على السكان المدنيين من ارتفاع الخمسين إلى الستين ألف قدم والحدود الوطنية، رغم الحراسة المشددة من أي وقت مضى، أصبحت وهمية. القنابل سقطت بشكل عشوائي من السماء، بغير مبالاة إذا سقطت علي إقليم محايد أو إقليم الحلفاء . الحرب قسمت العالم إلى الحزبين اللذين كانوا يحاولون تدمير بعضها البعض لأن كلا أراد الشيء نفسه، تحرير المقهورين، والقضاء على العنف وإقامة سلام دائم. على كلا الجانبين كانت هناك مشاعر قوية ضد أي سلام قد لا يدوم إلى الأبد. كلا الطرفين ملتزمان بحزم الحرب الأبدية. أمطرت البالونات العسكرية من مرتفعات مذهلة العادل والظالم على حد سواء تعبير للروح الداخلية لهذه الحرب إلى حد الكمال. كانت الحرب تدور رحاها في الطرق الإعلانية كذلك.

العسكريون والفنيون قد وضعوا صكوك جديدة للتدمير —قد اخترعوا القنبلة التلقائية. وفقد الحالمون تدريجيا الاهتمام بالحرب. فقط الجنود والفنيون واصلوا الفن العسكري والتقدم فيه. بمثابرة رائعة، وقفت الجيوش وجها لوجه.

"لقد وجدت منزلي دمر جزئيا بقنابل من الجو ولكن ما زال مناسباً أكثر أو أقل للنوم. ومع ذلك كان باردا وغير مريح والأنقاض والعفن على الجدران كانت محزنة وفورا ذهبت خارجا للسير. قد بات تغييرا كبيرا على المدينة؛ ليست هناك متاجر، وكانت الشوارع هامدة. لم يمضى وقت طويل حتى جاء لي رجل من العسكر وسألني ما ذا أفعل. وقلت له إني أتمشى. وأضاف: هل عندك تصريح؟ لم أكن أفهم وتبع ذلك مشادة وأمرني أن اتبعه إلى أقرب مركز للشرطة. لقد جئنا إلى شارع حيث كانت جميع المباني عليها علامات بيضاء تحمل أسماء المكاتب متبوعاً بالأحرف والأرقام. الأماكن المعتادة الرسمية، في انتظار غرف وممرات رائحة الورق والملابس رطبة، والبيروقراطية. بعد تحقيقات مختلفة اقتد إلى غرفة استجواب.

مسؤول قال لي. 'ألا يمكن أن تقف بانتباه؟' سألني بصوت شديد اللهجة.قلت 'لا'،. وتساءل 'لماذا لا؟'. 'لأنني لم أتعلم '. وقال 'على أي حال،،' ' كنت تتمشي بدون ترخيص. هل نعترف بذلك؟ '

'نعم'، قلت. ' ويبدو أن ذلك صحيح. لم أكن أعرف. وقد كنت مريضا لبعض الوقت... .'

وأضاف ' العقوبة: ممنوع من ارتداء أحذية لمدة ثلاثة أيام. أخلع حذائك! '

فعلت ذلك.

'الله جيدة،!'. ' أحذية جلدية! كيف حصلت عليها؟ هل أنت تماما في عقلك؟ '

' قد لا أكون طبيعي عقلياً، وأنا شخصيا لا يمكن الحكم. اشتريت الأحذية قبل سنوات قليلة. '

' ألا تعرف أن ارتداء الأحذية الجلدية في أي شكل للمدنيين محظور؟ — تصادر الأحذية الخاصة بك. والآن دعنا نرى أوراق الهوية الخاصة بك! "

لم تكن معى أوراق.

'مدهش!' "لم نر أي شيء مثل ذلك من أكثر من سنة!" وطالب من أحد رجال شرطة. 'اخذ هذا الرجل إلى مكتب آخر!

حافي القدم من خلال العديد من الشوارع ذهبت إلى مسؤول آخر في بناء عبر ممرات وتنفست رائحة الورق واليأس؛ ثم دفعت إلى غرفة مسؤول آخر. هذا كان في الزي العسكري.

' لقد التقطت في الشارع دون اوراق ثبوتية .تدفع غرامة ألفي جولدن. وسوف احرر الإيصال الخاص بك فورا. '

أنا لا امتلك هذا المبلغ و يمكنك سجني لفترة من الوقت بدلاً من ذلك؟ '

ضحك بصوت عال. ' حبسك؟ هل تتوقع منا نطعمك ؟ -لا، صديقي، إذا كنت لا يمكن أن تدفع غرامة، تافهة نفرض عقوبة أشد، وانسحاب مؤقت من تصريح وجود الخاص بك! يرجى تسليم لي بطاقة وجود! '

كان لا يملك بطاقة.

دعا اثنان من معاونيه واقتيد بعيداً إلى غرفة احتجاز، في انتظار المداولات بشأن حالته.

"كان هناك أشخاص يجلسون وجندي الحراسة عند الباب. لقد لاحظت أن ملابسى احسن بكثير من الآخرين. جاء رجل وانحنى وهمس في إذني:" 'لقد حصلت على صفقة رائعة لك. عندى سكر الشمندر في منزلي في حالة ممتازة يزن سبعة رطلا تقريبا. ماذا تقدم في المقابل؟ '

انتقل بأذنه إلى فمي، وأنا أهمس: ' كم تريد؟ '

أنه همس مرة أخرى بهدوء: ' دعنا نقول مائة وخمسين'

هزرت رأسي ووقفت بعيداً. ورحت في أعماق الفكر.

ورأيت أنى قد غبت طويل جداً، وأنه سيكون من الصعب بالنسبة لي التكيف في الوضع الجديد. ربما أعطيت صفقة جيدة لزوج من الأحذية أو جورب. أقدامى العارية باردة من الشارع الرطب. ولكن كان الجميع في الغرفة حفاةً . وبعد ساعات قليلة جاءوا وأخذونى الى مكتب 285، وبقي معي هذه المرة الشرطي بينى والمسؤول، مسؤول رفيع جداً، بدأ لي. وبدأ 'لقد وضعت نفسك في موقف سيئ جداً،'. ' كنت تعيش في هذه المدينة دون بطاقة. تعلمون ولا شك أن ذلك يجلب أشد العقوبات. " 'إذا سمحت' قلت، ' لدى طلب واحد فقط. وأنا أدرك أنا غير متكافئ تماما للحالة ويمكن فقط يكون موقفي هو أسوأ وأسوأ من ذلك. -هل يمكن أن تحكم علي بالإعدام؟ سأكون شاكراَ جداً! '

ونظر المسؤول بلطف في عيني.

'أنا لا أفهم،' قال ' على أية حال، كنت بحاجة إلى بطاقة زوال. وهي تكلفك أربعة آلاف جولدن. '

"لا، ليس لى هذا المال. ولكن أن أعطى كل ما لدى. لدى رغبة هائلة في الموت. "

ابتسم باستغراب

' لكن الموت ليس بهذه البساطة. لاحظت أنك سجلت تحت اسم سنكلير، إميل. هل انت سنكلير، الكاتب؟ '

'هذا أنا'!

"أوه، أنا سعيد للغاية. ربما يمكنني أن أفعل شيئا لك." صرف الشرطي ، المسؤول بهزة يده.

'لقد قرأت كتبك باهتمام كبير "، وقال في لهجة ودية،' وسوف أبذل قصارى جهدي لمساعدتك. -لكن كيف وصلت الي هذا الوضع ؟

' حسنا، كنت بعيداً لفترة من الوقت. منذ عامين أو ثلاثة أعوام وأنا قد لجأت للكونية، وصراحة افترضت أن الحرب ستكون أنتهت . بل قل لي، يمكن أن تحصل لي بطاقة ؟ سأكون ممتنا لك. '

' قد يكون من الممكن. ولكن عليك أولاً تصريح وجود. ومن الواضح أن أي شيء لا يمكن أن يتم دون ذلك. سأعطيك مذكرة إلى مكتب 127. سوف تصدر لك بطاقة وجود مؤقت. ولكن صالحة لمدة يومين. '

ستكون أكثر من كافية!'

' جيد جداً! عندما تحصل عليها تأتي إلى هنا. "

"شيئا آخر،" قلت بهدوء. ' قد أسألكم سؤال؟ أنت يجب أن تدرك أنني لا أعرف شيئا عن ما يجري. "

'حسنا'.

' حسنا، هنا ما أود أن أعرف: كيف يمكن أن تستمر الحياة بهذه الشروط؟ كيف يمكن أن يتحمل الناس ذلك؟ '

' أهم ليسو بهذا السوء. وضعك استثنائي: مدني – وبدون أوراق! وهناك عدد قليل جداً من المدنيين. هذا يجعل الحياة اكثر تحملا لمعظم الناس، كثير منهم سعداء حقا. شيئا فشيئاً يتعود الواحد لحالات النقص. عندما نفد البطاطس، كان علينا أن نتعود على نشارة الخشب –تخلط مع القطران الآن، من المدهش أهما لذيذه – اعتقدنا جميعا أهما لا تطاق. ولكن اعتدنا عليها. ونفس الشيء مع كل شيء آخر. " قلت. ' ليس من المدهش حقا. ولكن هناك شيء واحد ما زلت لا أفهم. قل لي: لماذا جعل العالم بأسره هذه الجهود الهائلة؟ طرح مثل هذه المصاعب، ومع جميع هذه القوانين، هذه الآلاف من مكاتب والبيروقراطيين – ما هو كل هذا يعني لحماية وصون البشر؟ '

نظر لي في دهشة. 'يا له من سؤال!' هز رأسه. ' أنت تعرف أننا في حالة حرب: العالم بأسره في الحرب. وهذا هو ما ما جعل القوانين وتحمل المشاق. الحرب! بدون هذه الجهود الهائلة وإنجازات جيوشنا لن نكون قادرين على القتال لمدة أسبوع.

"نعم،" قلت ببطء، ' وبعبارة أخرى الحرب، كنز يجب الحفاظ عليه بأي ثمن. نعم، ولكن – وأنا أعلم أهما مسألة غريبة –هل تستحق الكثير؟ الحرب حقا كنز؟ '. المسئول حرك كتفيه وأعطاني نظرة حنونة. أنه يرى أنني لم أكن أفهم. وقال ' عزيزي هير سنكلير،'، ' قد فقدت الاتصال مع العالم. اخرج إلى الشارع، وتحدث إلى الناس؛ وأسأل نفسك: ماذا

بقي لنا؟ ما هو جوهر حياتنا؟ الجواب واحد فقط ممكن: الحرب هي كل ما بقي لنا! السرور والربح الشخصي، النشاط الثقافي، وحب الطموح الاجتماعي، الطمع — كل هذا ذهب من الوجود. إذا كان لا يزال هناك أي قانون أو أمر أو فكر في العالم، علينا أن نشكر الحرب على ذلك. –الآن هل تفهم؟ '

نعم، الآن فهمت، و شكرت الرجل.

أودعت التوصية جيبي. لا أنوي استخدامها، وليس لي أي رغبة في ازعاج السادة في تلك المكاتب. قبل أي شخص يمكن أن يشعر بي ويوقفني، سردت بداخلي تلاوة قصيرة، واوقفت نبضي، وجعلت جسمي يختفي تحت حزمة من الشجيرات. وتابعت الرحلات الكونية، والتخلي عن فكرة العودة إلى وطني.

هل يكون هناك سلام؟

يجب أن يكون هناك سلام؟

ديسمبر (1917)

في الآونة الأخيرة أعلن ويلسون[4] ولويد جورج[5] إرادتهم الثابتة على القتال حتى تحقيق النصر النهائي. ميرجاري الاشتراكي قد عومل كمجنون في "القاعة الإيطالية" لأنه تحدث ببضع كلمات، طبيعية إنسانية. واليوم، ولف ينفي شائعة مقترح السلام الألمانية

الجديدة: "ألمانيا وحلفائها ليس لهم أدنى سبب لتكرار عرضهم الشهم للسلام". وبعبارة أخرى، كل شيء يمضي كما كان من قبل، وإذا كان في أي مكان شفرة سلمية من العشب يحاول اختراق الأرض؛ فحزاء عسكرية تسحقه سريعا.

رغم ذلك وفي نفس الوقت قرأنا أن مفاوضات السلام قد بدأت في برست لتوفسك [6] و هيركولمان [7] قد افتتح الدورة بإشارة إلى أهمية عيد الميلاد وقد تحدث بكلمات الإنجيل و السلام على الأرض. إذا كان يعني ما يقول، إذا كان يعى ولو قليلا فهم هذه الكلمات الهائلة، يبقى السلام لا مفر منه. ولسوء الحظ، تجربتنا عن اقتباسات الكتاب المقدس في أفواه رجال الدولة حتى الآن لم تكن مشجعة.

لعدة أيام الآن تركزت أنظار العالم على هذين المكانين. وفي هذين المكانين، من إحساس على نطاق واسع، مصائر الأمم تتوقف على مفاوضات السلام في بريست لتوفسك. وفي الوقت نفسه فإنه يراقب على الجبهة الغربية الخوف الأليم، لأن كل فرد يشعر والجميع يعلم أن، في غياب معجزة، أفظع كارثة وشيكة الحدوث. معركة دموية والأكثر وحشية والمروعة في كل العصور. الجميع يعرف أنه ، باستثناء عدد قليل من الخطباء السياسيين وتجار الحرب، يرتجف في التفكير. وفيما يتعلق بنتائج هذه المذبحة الجماعية، تتباين الآراء والآمال. في كلا المعسكرين هناك أقلية تعتقد في تحقيق نصر حاسم. ولكن شيئا واحداً لا أحداً

105

وُهِبَ بقايا الحس السليم يمكن أن يعتقد أن أهداف مثالية، وإنسانية، التي اخذت مكاناً بارزا في خطب جميع رجال الدولة لدينا، سوف تتحقق. هذه المعارك الأخيرة للحرب العالمية سوف تكون الأكبر والأكثر دموية وأكثر تدميرا أقل سوف يتحقق في المستقبل وأقل أمل سيكون هناك استرضاء الأحقاد والخصومات أو التخلص من فكرة أنه يمكن تحقيق أهداف سياسية عن طريق الحرب. إذا كان أحد المخيمات سوف يفوز بتحقيق النصر النهائي (وهذا الغرض هو مبرر واحد للقادة في كلماهم الحارقة)، وعليه ما نمقته كعسكرية سوف ينتصر. يمكن تبرير مثل هذا الخليط مغالطات ميؤوس منها، آمال متناقضة بعضها بعضا وخطط مذبحة جديدة من نطاق لا يمكن تصوره. بينما جميع الشعوب حتى التى لها أدنى تجربة في الحرب ومعاناها بانتظار نتائج مفاوضات السلام الروسية في صلاة وتوقعات، بينما نحن جميعا نكن الحب والعرفان للروس لأنهم هاجموا الحرب وعقدوا العزم على وضع حد لها، في حين أن نصف سكان العالم جياع ومجهودات البشرية تقلصت الى النصف و لم تتوقف تماما في هذا الوقت، التحضيرات . يجري التحضير في فرنسا و نحن نرتجف حتى لذكره على سبيل المثال، القتل الجماعي الذي من المتوقع أن يقرر نتيجة الحرب.

ونظرا لهذه الحالة من واجبنا، واجب مقدس واحد لكل رجل حسن النية على وجه الأرض، لا نغطى أنفسنا في اللامبالاة وترك الأمور

تأخذ مجراها، بل أن نبذل قصارى جهدنا لمنع هذه الكارثة النهائية. نعم، ولكن ماذا يمكننا أن نفعل؟ إذا كنا رجال الدولة والوزراء، سوف نبذل جهودنا ولكن ليس، لدينا أي سلطة!

هذا هو رد الفعل السهل لكل مسؤولية. إذا ننتقل إلى الساسة والقادة، وهم يهزون رؤوسهم على عجزهم. أننا لا يمكن أن نجلس وإلقاء اللوم عليهم. توجيه اللوم يعني الجمود والجبن لكل واحد منا، عناد وتردد أن نفكر. رد الفعل لموقف *ميرجاري* الرافض للحرب كان اعلان *وُلف* أن ألمانيا ليس عندها سبب آخر لتسعى من أجل السلام. ولكن كل يوم ونحن أنفسنا إعطاء دليل على نفس الموقف. أننا نقبل الأشياء لأنها تأتي، ونحن نفرح للإنتصارات، نأسف للخسائر في معسكرنا ونحن ضمناً نقبل الحرب كأداة للسياسة. للأسف، كل أمة وفي كل أسرة، كل فرد واحد في كل أوروبا وخارجها، يحمل الأسباب لإعطاء قصارى جهده من أجل السلام الذي نتوق كافة إليه. فقط أقلية متلاشية من الرجال تريد أن تستمر الحرب – وما من شك في أنهم يستحقون منا الازدراء والكراهية. فقط عدد قليل جداً من المهووسين المتعصبين أو المجرمين عديمي الضمير لصالح هذه الحرب، وبعد — لا يمكن تصور ما يبدو – ستسير قُدما، مع كلا الجانبين تسليح نحو محرقة في الغرب! وهذا ممكن فقط لأننا جميعا كسولون وجُبَنا جداً. هذا ممكن فقط لأننا في مكان ما في قلوبنا سريا نوافق على أو تتسامح مع الحرب، ونسمح لآلات

التضليل! وهذا ما فعله القادة السياسيين، وما تفعله الجيوش، ولكن نحن أنفسنا، المتفرجون لسنا أفضل. كلنا نعلم أنه يمكننا وقف الحرب إذا كنا نريد بشكل جدي.

لقد نظرنا بإعجاب عندما وضَع الروس أسلحتهم وتجلت إرادتهم لصنع السلام. ولكن في الوقت نفسه فإننا نرفض الالتزامات التي تنطوي على مثل هذه المشاعر. كل سياسي في العالم في صالح الثورة والعقل ووضع الأسلحة – ولكن فقط في معسكر العدو، وليس في معسكره! إذا أردنا بجدية يمكننا وقف الحرب. مرة أخرى قد تجسد الروس النظرية القديمة والمقدسة أن الضعيف يمكن أن يكون الأقوى. لماذا لا أحد يتبعهم؟ لماذا البرلمانات ومجالس الوزراء في كل مكان مرتاحى البال أنفسهم مع نفس الهراء الكئيب والتفاهات اليومية، لماذا لا يصبون إلى مناصرة فكرة عظيمة، مطلب يهمنا اليوم؟ لماذا أنهم يؤيدون حق الأمم في تقرير المصير إلا عندما هم أنفسهم يودون تحقيق الربح؟ . لقد قيل أن كل دولة لديها الحكام الذين تريدهم وتستحق. ربما ذلك. نحن الأوروبيون في جميع الأحوال لدينا حكاماً دمويون و أكثر وحشية من جميع الحكام: الحرب. هل هذا ما نريد وتستحق؟ لا، لا نريد ذلك. أننا جميعا نريد عكس ذلك. وبصرف النظر عن عدد صغير من الاستغلاليين، لا أحد يريد هذا الوضع المخزي والكئيب. ما ذا يمكن أن

نفعل؟ يمكن أن نغتنم كل فرصة لإظهار استعدادنا للسلام. أننا يمكن أن نكف عن مثل هذه الاستفزازات الغير مجدية.

حان الوقت للإطاحة بالساسة الذين تصورو السياسة الخارجية من حيث برامج وطنية ذاتية، التى تتجاهل صرخة البشرية! لماذا الانتظار ؟

رسالة إلى محفلة جائزة نوبل 1946

"تحياتي القلبية واحترامى لكم، أود أولاً وقبل كل شيء أن أعرب عن أسفي أن لا أكون ضيفكم، وأنا غير قادر على أن أحيكم وأشكركم شخصيا. كان دائماً سوء حالتي الصحية والمشاق أثناء الفترة "الاشتراكية الوطنية"، التي دمرت عملي طيلة حياتى، في ألمانيا وقد أثقلت كاهلى يوما بعد يوم مع واجبات شاقة. لا تزال روحى غير مكسورة وأشعر كثيرا معكم في الفكرة التي تقوم عليها "مؤسسة نوبل"، فكرة أن الثقافة تتخطى الحدود الوطنية والدولية، وفي إطار الالتزام بخدمة لا الحرب ولا الدمار ولكن السلم والمصالحة. في تكريمى بجائزة نوبل أنتم في الوقت نفسه تكرمون اللغة الألمانية ومساهمة ألمانية للثقافة العالمية. وأرى في هذا بادرة للتوفيق وحسن النية، وهي خطوة لاستعادة وتوسيع التعاون الثقافي بين الشعوب.

محمد محمود يوسف

ولكن مفهومي المثالي ليس التوحيد الثقافي الذي يجعل الخصائص الوطنية ضَبَابِيَّة. بكل تأكيد لا. وأنا أدعو لصالح التنوع والتمايز، والتسلسل على أرضنا الحبيبة! أنه شيء رائع أن يكون هناك العديد من الأجناس والأمم والعديد من اللغات والعديد من الاختلافات في العقلية و وِجْهَات النَظَر. إذا أكره وأعارض دون هوادة الحرب والغزوات والضم ومن ذلك، ليس حصراً، لأنها تقوم بتدمير الكثير من خصوصيات تاريخية حاسمة ومميزات الثقافة الإنسانية. وأنا عدو التبسيط (grands simplificateurs) ومحب للمساواة. كضيفكم بامتنان وزميلكم، أمد يدي لبلدكم السويد، مع لغتها وثقافتها وتاريخها الغني الفخور، وطاقتها التي حافظت وطورت طابعها الوطني.

هذه باختصار رسالة هيرمان هيسى إلى محفلة جائزة نوبل عام 1946 حينما منح جائزة نوبل للأدب وهي تعكس الكثير من فلسفته وافكاره خاصة وقوفه ضد الحرب."

رسالة إلى أديل
"بعد سنوات عدة قاده الشوق والحنين لكي يسطر بعض الكلمات الي شقيقته أديل عام 1946   ...
"عزيزتي أديل

أجلس مرة اخرى للكتابة لك ... من أجلي ومن أجلك لأنك مريضة ومن وحدتي ... وحدة لا يمكنك تصورها ... ولحياتي هنا علي قمة تلنا. أشعر دواما الحاجة إلى شخص أنا متأكد لن يسيء فهمي أو إساءة استخدام ثقتي. بالطبع لا أعيش وحدي. معى نينون، الرفيق المخلص، لكن في بعض الأحيان اليوم طويل، شأنها شأن جميع ربات البيوت ولديها الكثير للقيام به، ومع ذلك أظل أشغلها في المساء للعب الشطرنج معي أو القراءة لي. ولذلك قررت أن اكتب إليك صباح هذا اليوم ، لأقول مرحبا وأذكرك بالأيام الخوالي. ولكن ليس من السهل جداً. لم تصلنى أخبار منك لبعض الوقت؛ أنا أعرف فقط أنك لم تكونى بصحة جيدة، تحتاجين للرعاية والراحة واللتان لا تجديهما في منزلك. لا أعرف حتى إذا كنت على قيد الحياة، شقيقتى الصغيرة، وحتى لو كنت أعرف، يمكن أن اتصورك، ولكن لا أتصور حياتك الخاصة وشقتك وغرفتك و يومك. لا يزال لديك مكاناً للعيش،-للعديد من الألمان أن ذلك في حد ذاته هو حسن حظ أو حلم يصعب تحقيقه، ولكن الشقة مزدحمة بالزوار، وهنا لا يمكننا أن نتصور الحياة عندكم هناك، وماذا تعتقدون والحديث عنها. لا يمكننا أن نتصور أفراحكم وأحزانكم – بالتأكيد لديك كلاهما – أنهما تقعا في بلد بعيد متناهي، غريب، مظلم، كأنه على كوكب آخر، حيث يكون الفرح والحزن، نهاراً وليلا، والحياة والموت لها قواعد أخرى وأشكال ومعاني غير هنا. الإعداد

لحياتك هو ألمانيا الأسطورية والذي حتى مؤخرا خشينا على قسوهّا وعدوانيتها واليوم أننا نخشى كما قد نخشى جار يحتضر أو ميتا على ابوابنا، الذي يحمل بعض المرض القاتل غير معروف داخله وفي الموت يبدو أقل إفْزاعا مما كان على قيد الحياة. لا أعرف شيئا عن الأشياء التى تعيشينا معها، و فساتين ترتدينها و القماش على طاولتك و الكؤوس والصحون؛ لا أعرف كيف قريبة إلى الإطار الخاص بك يبدأ الرعب: المنازل التي هدمت والشوارع المحطمة والحدائق. لا أعرف ما هو الجزء من تلك الأشياء الرهيبة، الحزينة تلعب في حياتك اليومية، أو إلى أي مدى التأم الجراح. وأنا لا اتصور أنكم قادرون على تصور حياتنا كما اننا غير قادرون على تصور حياتكم. ربما كنت افترض أنها بدلاً من ذلك مثل الحياة الخاصة بك قبل الحرب، أو حتى قبل هتلر. القصة هي أننا اِسْتَبْقَينا و لم نكن عانينا وإننا لم نفقد أي شيء أو نقوم بتضحيات. أنتم واعدائكم المنتصرون تتفقون على اننا الدول المحايدة الصغيرة، حالفنا الحظ الغير مستحق، لا شيء حدث لنا؛ كان، وما زال لنا سقف فوق رؤوسنا ووعاء من الحساء اليومى. عندما تفكرين في قريتي وبيتي، تشاهدين ولا شك جزيرة للسلام، جنة صغيرة. ونحن أنفسنا نشعر بالفقر والإحباط وخدعنا وحرمنا من أفضل الأشياء في الحياة. ردا على مقال نشر في الصحافة السويسرية، أحد أصدقائنا الألمان إتهمنا ب 'الذين ياكلون البسكويت أو كعكة'، وقد أبلغني أحد المعروفين بإعادة

تعليم شعبك، أن رجل مثلي والذين قضى فترات هتلر والحرب في تسن المشمسة السلمية، ليس له الحق التحدث في الشؤون الألمانية اليوم. هذا جميل بالنسبه لى إذ أنى لم اطالب ابدأ وسوف لن اطالب بصوت في الشؤون الألمانية؛ ولكن هذا يبين ما يفكر العالم عنا. نحن 'الذين ياكلون البسكويت أو كعكة'، والذين قضينا فترات هتلر والحرب في تسن المشمسة السلمية، هذا تبسيط لتجربتنا المعقدة لتلك السنوات. أن عملي طيلة حياتى برمتها قد دمره هتلر والغارات الجوية، أن أقارب زوجتي والأصدقاء قتلو بالغاز السام في مخيمات *هيملر* – والذين عانوا من الحرب والبؤس بجميع أنواعها، كل ذلك ليس جدير بالذكر. وباختصار، ومن أية زاوية مهما نظرتم، هناك فجوة بيننا وأولئك الذين يعملون خارج حدودنا. وقد أصبحنا الغرباء؛ أننا لا نفهم أو حتى في محاولة لفهم بعضنا البعض. الطريقة الوحيدة التي يمكنني من جِسْر هذه الهوة الرهيبة. واتحدث إليكم بدون ضبط النفس أو قناع أن أدير ظهري من الحاضر وأثير اقتناءتنا وذكرياتنا المشتركة. حينما أفعل ذلك، كل شئ يقع في مكانه. ثم أنك *أديل* وأنا *هيرمان*، أنا لست سويسريا، وأنت لا ألمانية، هناك لا خط حدودى وليس هتلر بيننا؛ حتى وأن كنت لا يمكن تصور حياتي الحالية ولا أنا يمكن تصور حياتك الحالية ، كل ما يتوجب علينا القيام به في مجال آلاف الذكريات ذكر اسم أحد الأقارب وجاره، والحياكة، وخادمة المنزل أو أحد شوارع وغدير وأَيْكَة وترتفع

الصور سليمة، يشع السلام والجمال والقوة الوجودية التي لم تعد موجودة في صور مبلى و مشوشاً لحياتنا منذ ذلك الحين.

ما إذا كانت رسالتي تصل إليك أم لا، لقد عبرت الفجوة وتغلبت على النفور. الآن يمكن أن أتكلم معك لمدة ساعة وأذكر لك ولنفسي من تلك الصور التي يبدو أنها تكمن حتى الآن في الماضي الذى يصعب استرداده ولكن يمكن أن يناشد في جميع ما له من التألق."

يواصل هيرمان هيسى في رسالته لشقيقته سرد النكبات التي جلبتها لهم الحرب وماسى النازيه على ألمانية وباقى بلدان أوروبا بل العالم بأسره. ثم يذكرها بالذكريات الجميلة خلال ما قبل الحرب. ولكنه يعكس لنا شوقه لوطنه ألمانيا والحنين للإسرة والوطن لا من أجل النزعة القومية فهو يؤمن بالعالمية والمعايشة مع كل البشر بمختلف ثقافاتهم ولغاتهم وعاداتهم.

الفصل 5

ديميان

لو كرهت شخصًا ما، فأنت تكره شيءًا فيه هو جزء منك ذاتك، فالذي ليس جزء من ذواتنا لا يزعجنا.

العالم بما هو عليه الآن، يريد أن يموت، يريد أن يهلك وسوف يفعل .

هيرمان هسى

في بداية كتابه هذا سرد هيرمان هسى الأتي كمقدمة للكتاب الذى يروي فيه قصة حياته. "كلما ما أردت كان محاولة لاعيش الحياة التي كانت تلقائياً داخلي. لماذا كانت صعبة جداً؟ أن أروي قصة حياتى يجب أن أبدأ في الماضي البعيد. إذا كان يمكن، أن اعود أبعد كثيرا ، إلى السنوات المبكرة جداً من طفولتي وأبعد منها إلى جذور بعيدة. عندما المؤلفون يكتبون الروايات، أهم عادة يفعلون ذلك و كما لو أهم كانوا الله وكأهم يفهمون تماما تاريخ الشخص وتقديمه كما لو أن الله يروي

لنفسه. لا أستطيع أكثر من إستطاعه هؤلاء المؤلفين. ولكن قصتي أكثر أهمية بالنسبة لي من أي مؤلف بالنسبة له، لأنها قصتي ؛ أنها قصة الإنسان – ليست قصة خيالية لشخص خيالي ولكنها حقيقية لشخص حقيقي فريد من نوعه مفعم بالحياة. ومن المؤكد أن البشر، كل واحد منهم له تجربة فريدة لا تقدر بثمن. يُقْتَلون (الحرب العالمية الأولى كانت لا تزال مستعرة في وقت كتابة هذه المقدمة) إذ لم نكن شيئا أكثر من أفراد فريدة من نوعها، إذا كان يمكن حقا أن نبعد كليا عن العالم برصاصة، لم يعد من المعقول معنى لحكايات القصص. ولكن كل شخص ليس نفسه فقط، وهو أيضا نقطة فريدة من نوعها، وخاصة جداً، هامة وجديرة بالذكر في كل حالة من الحالات، التي تلتقي فيها ظواهر العالم، مرة واحدة فقط، وليست ابدأ مرة أخرى بنفس الطريقة. ولذلك قصة كل شخص هامة، وابدية، والاهية؛ ولذا كل شخص، إلى الحد الذي يعيش وينجز إرادته الطبيعة ، هو يستحق الاهتمام الكامل. وفي كل منا الروح أصبحت نموذج، في كل واحد منا مخلوق يعاني وفي كل واحد منا منقذ يصلب. ليس الكثير من الناس في أيامنا هذه يعرف ما هو الإنسان. الكثيرون يشعرون بذلك ولذلك يموتون بسهولة أكبر، تماما كما أنني سوف اموت بسهولة أكبر عندما انتهي من كتابة هذه القصة. ليس لي الحق اِدِّعاء المعرفة. وكنت أحد الذين يسعى، وأنا لا أزال، ولكن أنا لا ابحث في النجوم أو في الكتب؛ بدأت سماع تعاليم

دمى النابض داخلي. قصتي ليست سارة، ولا حلوة ومتجانسة مثل القصص المخترعة؛ ذوقها حماقة وحيرة، من الجنون والحلم، مثل حياة جميع الناس الذين لم تعد تريد أن تكذب على نفسها.

حياة كل شخص رحلة تجاه نفسه، محاولة المضي في رحلة، إيحاء مسار. لا شخص يكون نفسه تماما ولكن كل واحد يسعى جاهدا لكي يصبح ذلك، البعض يتلمس طريقة، آخرون أكثر وضوحا، وفقا لقدراته. كل واحد يحمل معه إلى نهاية آثار ولادته. وكثير من منهم لا يصبح إنساناً، ولكن يبقى الضفدع , أو سحلية أو نملة. وكثير منهم أعلاه إنسان وسمكه أدناه. ولكن كل واحد مقامرة الطبيعة، محاولة في تشكيل كائناً بشرياً. لدينا أصل مشترك, الأمهات، ونحن جميعا خرجنا من هاوية واحدة ولكن كل واحداً منا محاولة قذف النرد من العُمْق، يكافح نحو هدفه. يمكن أن نفهم بعضنا البعض، ولكن كل واحد منا يمكن أن يفسر نفسه فقط."

كانت رواياته المبكرة تقليدية, ولكن بعد نشر مؤلفه ديميان فى عام 1919 وهى قصة الشاب الألماني سنكلير فى مُقْتَبَلُ البُلوغ تتناول النضج خلال العقد السابق للحرب العالمية الأولى.الرواية هي قصة هيرمان هيسى في شبابه وقد نشرها اولا بإسم سنكلير كمؤلف

محمد محمود يوسف

وبعنوان "قصة شاب"[1]. فإن تحليله في هذه الرواية يعكس الشعور بالضيق في أوروبا و الأدب الألماني آنذاك. وأدرك سينكلير حقل الخير ممثلا بالرب خشية من والديه واخته الصغيرة البريئة بمعزل عن حقل الشر المظلم , التي يجسدها كرومر فرانز الانتهازي النفعي, وهو أكبر سنا منه, والذى ابتز سنكلير بالكذب و ممارسة السرقة . وأقدم الفتى ديميان وانقذ سينكلير من براثن كرومر واعطاه تصورا جديدا وجعله يغوص في عمق الذات حتى يكتشف جهوده ومصيره وقدرته المتميزة بصرف النظر عن عادية توافق الآراء على العادات والتقاليد . وقد أسقط هيس اضطراب سينكلير كإنعكاس للحالة النفسية المدمرة التى اجتاحة أوروبا قبيل الحرب . وهى دراسة فرودية لصاحب نظرية التَّحْليلُ النَّفْسِيّ سيجموند فرويد مع فلسفة فريدريش نيتشه والذى طور فلسفته في أواخر القرن التاسع عشر المتمركزة على عظمة الفرد. و أصبح هيسى مبدع طَلْق و مُسْتَحْدِث ومُبْتَكِر و خَلَّاق .

أزمة شخصية قادت هيس للقاء المحلل النفسي لانق[2] ومنه تعرف على جونغ[3] طبيب سويسري من المؤسسين لعلم النفس الحديث . وكان لهما بالغ التأثير على هيسى ليس فقط في علم النفس فحسب بل في الفلسفة و الآداب. يظهر هذا التأثير في كتابه ديميان وهى

دراسة أجريت في تحقيق الوعي الذاتي بين المراهقين المضطربين. وفي اعمال اخرى يوضح هيسى ميوله لنظريات جونغ ومفاهيم (انكفاء على الذات) [4] و (انْبِساطٌ نَفْسِيّ) [5] . وازدواجية طبيعة الإنسان والتي شغلت هيسى باقي حياته. ان كل رواياته لاحقا, بمن فيها سيدهارتا و " نَرْجِس و قولدمند عكست تصميمه للبحث عن الذات.

محمد محمود يوسف

الفصل 6

هائم ...متجول

كم كانت غامضة الحياة وكم هي عميقة وموحلة مياهها الجارية وكم هو
واضح ونبيل ما يتولد منهما.
هيرمان هسى

كان هيسى يحب الطبيعة وفنانا يرسم ويغرض الشعر . بعضا من
هذا جاء بين غلافين بعنوان "هائم ...متجول"[1]. ويقول في البداية لو
كان كل البشر يعبرون الحدود بين البلدان بحرية لا تكون هناك حرب
ولا حصار وعقبة في الطرقات. ليس هناك ما يدعو للإشمئذاذ اكثر من
الحدود بين الدول. اذا استتب السلام والحب بين البشر تبقى الحدود
عديمة الأهمية. ولكن تاتي الحرب تبقى الحدود ذات اهمية قصوى وتبقى
البلاد سجن للأحرار.

بيت المزرعة

وقال تاركا بيته في ألمانية ... أودع هذا البيت الى وقت طويل لن أرى مثله ... أقترب من ممر في الألب هنا شمال المانيا واللغة الالمانية تصل الى النهاية. ياله من روعة تتعدى الحدود. التلهف والرغبة الشديدة للعبور الى الجانب الأخر تمكنى واى واحد مثلى تكون له علامة للمستقبل. لو كان كثير من البشر يبغضون الحدود بين البلدان كما أفعل أنا لن تكون هناك حرب ولا حصار. أرسم اسكتش للمنزل وبكل حزن اغادر السقف الألمانى... اطار البيت وكل ما أحب في هذا البيت. حظا سعيدا للمزارع. حظا سعيدا لهذا الرجل الذي يمتلك هذا المكان. قد ذهبت نصف حياتي سدى محاولا أن يعيش حياتى وأردت أن اكون شيئا لم أكن. أردت أن اكون شاعرا ومن الطبقة الوسطى في نفس الوقت. لقد اردت أن اكون كالفنان, و رجل الخيال, ولكنني ايضا أردت أن أكون رجل جيد, و رجل منزل. واخيرا عرفت ان الرجل لا يمكن أن يكون كل هذا, أنا لست بالمزارع ... أنا من الرحل رجل يبحث ولست من يمتلك. منذ امد بعيد انتقد نفسى امام آلهة وقوانين معبود لها . وهذا ما فعلت من خطأ. ليس الطريق الى الخلاص شمالا أو

يمينا ولكن الي قلبك وهناك الرب والسلم والسكينة. ريح رطب عبرى وتحت جزر زرقاء تطل على بلاد اخرى. سوف أكون سعيدا بعض الوقت وبعضه يدركنى الحنين الى الوطن. وداعا بيتى الصغير ووطن اغادره كصبيٍ يفارق اُمه.

الدرب الجبلى

في كتابه هذا بجانب قصائده أورد مقطوعات من النثر عكس فيها حياته كمتجول وفلسفته في الحياة . كتب تحت عنوان 'الدرب الجبلى' "على الدرب الصغير الريح تهب فقط علي الحجارة وحَزازُ الصَّخْر تنمو هناك. ... وقفت عند أعلى نقطة على الدرب. ينحدر الطريق علي الجانبين, تنحدر المياه علي الجانبين, وكل الأشياء علي الجانبين تجد طريقها منحدرة الي عوالم مختلفة. البركة الصغيرة التي تلامس حذاءئ تمتد تدريجيا نحو الشمال وميائها تأتي أخيرا الي البحار الباردة البعيدة. ولكن الثلج القليل الذى تسوقه الرياح شيئا فشيئا يدلف نحو الجنوب, الي ساحل البحر الأدرياتيكي ثم إلى البحر الذي حدوده أفريقيا. ولكن المياه في العالم تجد بعضها البعض مرة أجرى.

الصورة الجميلة القديمة تجعل ساعتها مقدسة. كل الطرق تؤدي بنا نحن المتجولون إلى الوطن أيضا. ...

البيت الأحمر

في إحدى قطع نثره 'البيت الأحمر' كتب: "مثل هذا اليوم بين الصبح والمساء, حياتى تقع بين رغبتى في السفر وحنيني إلى الوطن وربما يوما تكون أسفاري جزأ من روحي ومنعكسة داخلى, بدون أن اجعلها حقيقة ملموسة. وربما أيضا أجد هذا السر بداخلي حيث لا توجد للحدائق والبيوت الحمراء! كم تكون الحياة مختلفة ... سوف يكون هناك مركزا ومن هذا المركز تصل جميع القوى. ولكن ليس هناك مركز في حياتي ؛ حياتي تتراوح بين أقطاب عدة وأقطاب عكسية. تتوق إلى الوطن هنا وتتوق للهيام هناك. تتوق إلى العزلة وحياة الأديرة هنا, والبحث عن الحب والمجتمع هناك. جمعت اللوحات والكتب ووهبتهم. وقد سعيت للرذيلة والشهوانية وقد تخليت عنها من أجل الزهد والتوبة. بصدق وقَرْتُ الحياة كجوهر واستوعبت إني أستطيع التعرف على حب الحياة كوظيفة.

ولكن ليس همي أن أغير نفسي. معجزة فقط يمكنها أن تفعل ذلك. ومن يبحث عن معجزة ويمسك بها ويساعدها يراها تهرب بعيدا ... كثيرا الإنعطافات سوف أتبعها وكثيرا الإنجازات ستبقى لي خيبة الأمل. وفي يوم ما كل شيء يكشف عن معناه.
هناك, حيث تموت التناقضات نجد نيرفانا[2] والخلاص."

بلدة صغيرة

أول مدينة صغيرة في الجانب الجنوبي من الجبال. هنا بداية الحياة الحقيقية للتجوال, الحياة التي أحبها, تجوال بدون توجيهات خاصة, بسهولة في ضوء الشمس, حياة متشرد بحرية كاملة. أعيش من حقيبة الظهر وأدع بنطلونى يتهرأ. أثناء إحتساء النبيذ في حديقة تذكرت شيئا قاله لي فروسيو بوسينى[3] "تبدو قَرَوِيّ" , هذا الرجل العزيز قالها بلمسة من السخرية. شاهدنا بعضنا البعض في زيوريخ، قبل فترة ليست طويلة. أندريا ادار حفل موسيقى لمالر[4]. جلسنا معا في مطعمنا المعتاد. وكنت مسرورا لوجه بوسيني المشرق الشاحب الروحي . لماذا تعود هذه الذاكرة؟ أعرف! أنها ليس بوسوني أتذكر، أو زيوريخ، أو مالر. فهي مجرد الخدع المعتادة للذاكرة عندما يتعلق الأمر باللأمور الغير مريحة؛ ثم

تندفع الصور الغير ضارة بسهولة أمام العقل. أعرف الآن! معنا في ذلك المطعم جلست فتاة شقراء، مشرقة، متوقدة الخدين و لم أقل لها شيء. وكل ما كان علي القيام به أنظر اليها وكانت المعاناه ، وكان كل الفرح، كيف حبيتها ساعة كاملة! عدت ثمانية عشر عاماً مرة أخرى.

فجأة كل شيء واضح. امرأة شقراء ذكية جميلة، وسعيدة! لا أستطيع حتى تذكر اسمها. كنت لمدة ساعة كاملة في حب واليوم، في الشارع المشمس في هذه المدينة الجبلية، وأنا أحبها مرة أخرى لمدة ساعة كاملة. بغض النظر عن أي وقت مضى من كن لك الحب مهما كان لا يحبها اكثر من حبى لها ولكن أنا انتمى إلى تلك الأصوات العاصفية التى لا تحب النساء، الذين يحبون فقط الحب.

نحن المتجولون صنعنا هكذا. جزء كبير من التيه والتشرد هو الحب. الرومانسية من التيه، على الأقل نصف منه، أي شيء آخر سوى نوع من التوق للمغامرة. ولكن النصف الآخر حرص آخر – رغبة فاقدة للوعي هي اللهو. نحن المتجولون ماكرون جداً – أننا نضع تلك المشاعر التي من المستحيل الوفاء بها؛ والحب الذي ينبغي أن ينتمي فعلا إلى امرأة، نحن نبعثره بشكل طفيف بين البلدات الصغيرة والجبال والبحيرات والوديان والأطفال إلى جانب الطريق و المتسولين على الجسر و البقر في المراعي والطيور والفراشات. نفصل الحب من تحقيق

مكاسب. الحب وحدة هو ما فيه الكفاية بالنسبة لنا، بنفس الطريقة، في التيه، أننا لا ننظر لهدف، فقط نبحث عن السعادة من التيه والتجول فقط.

امرأة شابه، لا أريد أن أعرف اسمك. لا أريد أن أعتز بحبك وتغذية حبي لك. لن تكوني نهاية حبي ولكن صحوته و بدايته. وأعطى هذا الحب بعيداً، إلى الزهور على طول المسار، الى لمعان أشعة الشمس في كأس النبيذ. تجعليني من الممكن أن أحب العالم.

آه. ما هي هذه الأحاديث السخيفة! الليلة الماضية في كوخى الجبلى حلمنت بتلك الفتاة الشقراء. فقدت عقلى بحبها وقد تخليت كل ما تبقى لي من الحياة، جنبا إلى جنب مع أفراحى من التيه لكي تكون بجانبى. لقد فكرت فيها كل اليوم اليوم. من أجلها أشرب النبيذ وأكل الخبز. من أجلها ارسم على كتابى الصغير ملامح هذه المدينة الصغيرة وبرج الكنيسة. من أجلها أشكر الله انها على قيد الحياة، وحصلت علي الفرصة لرؤيتها. من أجلها سوف أكتب أغنية، ومن ثم أسكر من هذا النبيذ الأحمر.

الأشجار

بالنسبة لي، كانت الأشجار دائماً الوعاظ المتغلغل أكثر. أنا أوقرهم عندما يعيشون في القبائل والأسر، وفي الغابات والبساتين. و

أوقرهم أكثر عندما تقف بمفردها. فهم مثل الأشخاص المنعزلون . ولا مثل الناسك الذي اصبح بعيداً من بعض الضعف، ولكن شأنها شأن الرجل العظيم، مثل بيتهوفن ونيتشه. في بسوقها العالم يخشخش, جذورها في اللانهاية؛ ولكن لا يفقدون أنفسهم هناك، وهم يكافحون بكل قوة حياتهم على شيء واحد فقط: الوفاء بأنفسهم وفقا لقوانينها الخاصة، لبناء النموذج، لتمثيل أنفسهم. لا شيء أقدس؛ ليس هناك أكثر مثالية من شجرة جميلة وقوية. عندما يتم قطع شجرة وتكشف عن جرحها المميت عارية للشمس , يمكن قراءة تاريخها كله في قرص الجذع : في حلقات سنينها, اثر جروحها, كل نضالها وكل عذابها وكل مرضها وكل سعادتها وازدهارها مكتوب حقا. مكتوب حقا وسنوات الضيقة والسنوات الفاخرة والصمد أمام هجمات العواصف . يعرف كل صبي مزارع أن أصعب وأنبل الخشب هو ذات الحلقات الأضيق، وفي مرتفعات الجبال وفي استمرار الخطر أقوى الأشجار تنمو هناك. الأشجار مأوى. وكل من يعرف كيف التحدث لها، وكل من يعرف كيف أن يستمع إليها، يمكنه أن يتعلم الحقيقة. لا تبشر التعلم والتعاليم، أنها تدعو دون رادع بتفاصيل القانون القديم للحياة.

الشجرة تقول: نواة مخبأ في داخلي و شرارة وفكر, أنا الحياة من الحياة الابدية. إن المحاولة والمخاطر التي اتخذتها الأم الخالدة معى هي فريدة من نوعها, فريدة من حيث الشكل وعروق جلدي, فريدة تلاعب أوراقي

127

علي فروعي. قوتى هي الثقة. لا أعرف شيئا عن الآباء وأنا لا أعلم شيئا عن آلاف من الأطفال سنوياً في الربيع تخرج مني. أنا أعيش من سر بذوري حتى النهاية. وأنا لا اهتم لأي شيء آخر. أنني على ثقة من أن الله داخلي . أنني على ثقة من أن تعبي مقدس. أنا أعيش من هذه الثقة.

عندما نكون منكوبين ولا نطيق حياتنا ,حينها الشجرة تقول لنا: اهدأ! اهدأ! أنظر لي! أن الحياة ليست سهلة، الحياة ليست صعبة. تلك هي الأفكار الطفولية. أدع الله يتحدث داخلك وسوف تنمو أفكارك صامتة. كنت تتوق لأن يؤدي المسار الخاص بك بعيداً عن الأم والوطن. ولكن كل خطوة تقودك مرة أخرى إلى الأم. الوطن ليس هنا ولا هناك . الوطن في داخلك أو الوطن لا وجود له على الإطلاق.

الشوق إلى التجول يمزق قلبي عندما أسمع الأشجار تخشخش في مهب الريح في المساء. إذا كان أحد يستمع إليهم في صمت لوقت طويل، يكشف هذا الشوق نواقما ومعناها. وليس الأمر أمر الخلاص من المعاناة, وإن تبدو كذلك. هو الشوق للوطن، لذاكرة من الأم، عن استعارات جديدة للحياة. يؤدي للوطن. كل طريق يؤدي نحو الوطن, كل خطوة مولود, وكل خطوة موت , وكل قبر هو الأم .

الشجرة تشخشخ في المساء، عندما نقف أمام أفكارنا الطفولية. الأشجار ذات أفكار طويلة، طويلة التنفس ومريحة، مثلما لها حياة أطول

مننا. فهي أكثر حكمه مما نحن عليه، طالما لم نستمع إليهم. ولكن عندما تعلمنا كيفية الاستماع إلى الأشجار، ثم تحقيق فرح لا يضاهي. وكل من تعلم ألاستماع إلى الأشجار لا يود أن يكون شجرة. لا يود أن يكون أي شيء ما عدا نفسه ا. هذا هو الوطن . وهذه هي السعادة.

وهنا بعضا من اشعاره.

ضائع

أشعر واتحسس طريقي خلال غابة و وادى
بروعة و حولى دايرة سحرية متقدة
ولست مهتما اذا كنت مُوَقَّر أو ملعونا
وأنا أتبع بصدق وحقا ما بداخلى.

وهذا الواقع الذي يعيشون فيه
أحيانا كثيرة استدعانى إلى حد ذاته
ووقفت هناك بخيبة أمل وخوف
و تسللت بعيدا مرة أخرى.

آه وطنى الدافى سرقونى منه
آه حلمى بالحب
أعود إليك خلال ألف
مسارات مقلقة كعودة المياه الى البحر.

أمور تَمرُ

من شجرة الحياة,
أوراق بعد أوراق تتساقط حولي.
أوه. العالم مسرور بالنشوة،
كيف يمكنك ملء في نهاية المطاف,
كيف يمكنك ملء بالملل،
وتجعلني في حالة سكر!
أيا كان ما زال يضيء اليوم
يتم فقدانه في أقرب وقت.
سرعان ما تصلصل الريح
عبر قبري الذابل،
عبر الطفل الصغير
الأم تنحنى أسفل.
عينيها ما أريد أن أرى،
نظراتها هي نجمتى،
كل شيء يمكن أن يظهر ويختفي،
كل شيء يموت، كل شيء، بئس المصير.
يبقى فقط الأم الأبدية،
لقد جئنا منها،
ويكتبا إصبعها أسمائنا
سعيدة على الهواء عابرة.

مازلنا مع هيسى في جولاته بين وديان وجبال سويسرا بعيدا عن الحرب وسوف نعرض للقاري مزيداً من بعض اشعاره والتي تعكس بعض افكاره. ما باله لو بعث من جديد ونظر الي عالم يطلقون عليه اسم العالم الثالث حيث النظم الشمولية عمته واصبحت الجيوش تحكمنا . والتسليح قمة همها لا لدحر عدو غازى ولكن لقتل ابنئها وتعذيب من بقي منهم بالجوع والمرض وكل ذلك للبقاء في السلطة والرئيس منهم يحكم مدى الحياة. ولايموتون. ومثلهم مثل الوزير الذى أشار اليه كاتبنا وهو يستمع الي سوناتة من بيتهوفن. وفي عالمنا اليوم حكامنا ايضا يقولون انهم اتو من اجل السلام والديمقراطية الى آخره وبعضهم ذهب الي اضافة كلمة الديمقراطية الي اسم البلد وبعضهم ذهب الي اكثر من ذلك باضافة كلمة الإشتراكية وكمان العظمى وكل هذه النظم لا تمت لهذه الأسماء لا من بعيد أو قريب. منذ عشرات السنين ظللنا نحرث في البحر. لو بُعث هيسى لهذا الواقع لعاد مهرولا الي قبره.

دعنا نسير معه خلال اشعاره لحين[4].

المشي ليلا

اسير متأخرا في الغبار

وظلال الجدران تتراجع

وعبر حقول العنب أرى

ضئ القمر عبر نهر وطريق.

131

محمد محمود يوسف

الاغنيات التي تغنيت بها من قبل
اتت برفق مرة أخرى
وظلال رحلات بلا عدد
على طريقي.

الرياح والجليد ولهيب السنين
صدى في خطواتي
ليلة صيف وبرق
عاصفة وتعب الرحيل.

أسمر و مليء بوفرة هذا العالم
وأرى نفسي مسحوبا
مرة أخرى,
حتى يَتحَوَّلَ طريقي الي ظلام.

عالم رائع

اشعر المرة تلو المرة
اذا كنت شابا أو عجوزا:
سلسلة جبال في الليل،
علي الشرفة إمرأة صامتة،
وشارع إبيض بضوء القمر منحنيا برفق بعيداً

يخلع قلبي من جسدي

آه عالم يحترق، آه امرأة بيضاء في الشرفة
الكلب ينبح في الوادي، قطار تدحرج بعيداً،
بمرارة خدعتني،
مع ذلك اصبحت احلى احلامي ووهمي.

كثيرا حاولت طريق الواقع المخيف،
حيث الامور المعتبرة التي تهم ... المهن،قانون،مال،ازياء،
ولكن تحرَّرت من الوهم وهربت وحدى بعيداً
الي الجانب الأخر، مكان الاحلام و الحماقة المباركة.

ريح رطب متقد على الشجرة، امرأة غجرية،
عالم مليء بالحنين أحمق ونسمة شاعر،
عالم رائع دائما أعود إليه،
حيث حرارة البرق وصوتك يناديني.

مطر

مطر ناعم مطر الصيف
همسات من شجيرات،همسات من الا شجار
آه ياللروعة ومغمور بالبركة
أن احلم واكون راض.

وكنت طويلا في البريق الخارجي،
أنا لم اتعود لهذه الاضطرابات:
ابقى في منزلى في روحى،
أبدا لا انقاد الي مكان آخر.
لا اريد شيئا،ولا إشتاق لشئ،
اتَرَنُّم أصوات الطفولة برفق ،
وأصل المنزل مشدوه
في دفئ جمال الاحلام.

قلبي متمزق ،
مَيْمُون تحُرثُ جُزَافاً،
تفكر في لا شيئ،تعلم لا شئ،
فقط تتنفس، فقط تشعر.

ودَّع هيسى منزله الصغير ووطنه وفي تجواله يشعر بالحنين
والشوق لوطنه ويقول ان الرجل الكامل النقي الهائم التائه يجب ان لا
يفكر في الحنين للوطن و للإسرة ولكنه لا يسعى ان يكون كاملا...
يود ان يتذوق حنين الوطن كما يود ان يسعد بحريته. الرطوبة والرياح
المتدافعة من الجبال عبر الحدود والسماء الفاحصة تفرض نفسها على
دول أخرى. قال اردت ان أكون شيئا لم أكن ، وددت ان أكون شاعراً
و شخص من الطبقة الوسطى في وقت واحد، اردت ان أكون فنانا و
رجُل خيال، حتى عرفت ان الانسان لا يمكن ان يكون كل هذا، وانا
من الرحل وليس مزارعا، ابحث ولست بالرجُلِ الذى يمتلك. اخترت
طريق الخلاص ... يقودني الي قلبى حيث الله وحده، حيث السلام
وحده.

سحر الألوان

نسمة من الله , هنا وهناك،
فِرْدَوْس من فوق ومن اسفل،
والضوء يغنى آلاف المرات،
الله يعطي العالم كثيرا من الألوان.

135

ابيض الي اسود، دافئ الي بارد
يستلّو من جديد،
والي الأبد خارج دَوَّامَة الفوضى
يولد قَوْسُ قُزَح.

وضؤ الله
يجول في آلاف الأشكال،
خُلقت وشكلت معا.
نعتز به كالشمس.

أُمْسِيَّات

الأحباء يسيرون
ببطئ خلال الحقول،
امرأة شعرها فضفاض
رجال الاعمال يعدون الفلوس،
سكان المدينة بشغف تقرأ آخر
ما في الصحف المسائة،
طفل بجمع الكف بإحكام،
كل في واقعه،
يتبع واجب و مهمة نبيلة،
وليس انا؟

نعم لي ايضا مهام مسائية،
مُسْتَعْبَد لها،
لا تنجز بغير روح العمر
ايضا لها من المعانى.
وهكذا صعودا وهبوطا اذهب،
راقصاً في الداخل،
ادندن أغانى الشارع البليدة،
اِمْتَدَحَ الله ونفسي،
اشرب النبيذ واتخيل
إنني باشا،
إنشغل بالكليتين،
ابتسم واشرب أكثر،
انسج قصيدة
من ألم ودعته
احدق في دوران القمر والنجوم،
اخمن الي اين يسيرون ،
اشعر في رحلة معهم
لا يهم الي اين.

محمد محمود يوسف

فرحة الرسام

فدانين من الذرة مكلفة.
مروج تحيط بها أسلاك شائكة,
ضرورة هائلة و جشع وضعا جنبا الى جنب,
كل شيء يبدو مغلقا وضايع.

ولكن للأشياء ترتيب آخر
تستمر في الحياة؛ بنفسجي إنحسر بعيدا
و أرجواني يتدفق على عرشه
و أردد أغنيتي البريئة.

اصفر على اصفر واصفر بجانب أحمر
بارد أزرق يتحول الى لون الزهر.
ضوء ولون يقفذ من عالم إلى عالم,
يتقوس ويردد المحبة العارمة.

الروح تعم وتعافي كل الامراض,
أخضر يغني من ينابيع حديثة ,
يتقاسمها العالم ...
والقلوب تزيد سعادة وتنور.

يتحدث للموت

لابد أن تآتى لى يوما ما

لن تنسانى

ينتهى العذاب

ينفك القيد.

تبدو غريبا وبعيدا

عزيزى أخى الموت.

تقف كالنجم البارد

فوق همومى.

يوما ما تكون قريبا

ملئ باللهب.

آتى لي أنا هنا

خذنى أنا لك.

راحة الظهيرة

كاتبنا يتجلي في وصفه الدقيق لكل صغيرة وكبيرة عاكسا كيف يود أو يحلم أن يعيش في زخم الحياة. قال في راحة الظهيرة

"مرة أخرى السماء مرحة وساطعة , الهواء يرقص ويتدفق فوق كل شيء. البلد الغريب البعيد ينتمي الي مرة أخرى والغريب اصبح وطن. مكان بجانب شجرة فوق البحيرة اصبح ملكى اليوم, رسمت أحد الأكواخ مع بقر وسحب. كتبت خطابا لن أرسله. والآن افرغ حقيبة طعام الغداء : خبز, سجق شوكولاته مكسرات. بالقرب غابة بتيولا حيث الأرض مغطاة بفروع ميتة. اجمع بعض الفروع اضع ورقة من تحت واشعل النار. يتصاعد الدخان ببساطة , شعلة حمراء ساطعة تشتعل ياللغرابة في منتصف النهار. السجق طيب وغدا سوف اشتري آخر من نفس النوع, كنت اتمنى وكان بودي بعض كستناء لتحميصها.

و بعد الغداء بسطت معطفى علي العشب واسترحت رأسي عليه. واستلقيت ودخان تبغي يصعد لى السماء الصافية. أفكر في اغنيات آيشندورف[5] اللتى أحفظها عن ظهر قلب. لم أتذكر كثيرا منها ولا أتذكر بعض المقاطع. أردد الاغنيات بلحن هوقو وُلف[6] و واوتمرشوك[7] ."من يحن ليَهِيم في بلاد غريبة" و "يا لوت الحبيب"

أحبهم. الاغنيات مليئة بالاحزان ولكن الاحزان سحابة صيف خلفها الثقة والشمس. إذا كانت والدتى عايشة الأن لحدثتها كل شئ وأعترفت بكل ما تود معرفته مني.

بنت صغيرة ذات شعر آسود تقارب العشرة سنوات تسير قبالتى تنظر لى وجلست بجانبى وقبلت قطعة شكولاته وتحكى عن ماعزها واخوها الكبير ... تتحدث بكل فخر و وقار يتملكه الاطفال ... نحن كبار السن بهلوانيون مهرجون ... أحضرت الغداء لوالدها ... ودعتنى بإدب وحزم وسارت بعيدا بحزائيها الخشبى وجورب الصوف. إسمها أنونزياتا.

استهلكت النار والشمس دلفت للمغيب. رحت أجمع حاجاتى ... أفكر في اغنية آيشندورف واترنب بها وأنا راكع أجمع حاجاتى ...

آه كم قريبا , السكينة ستأتي ,
حينما بدوري احمد للسكينة , وفوقي
خشخشة وحدة الاشجار ,
ولا احدا هنا يعرفني. "

محمد محمود يوسف

أدرك لأول مرة رغم هذا الطريق الحبيب الحزن مجرد ظل سحابة. هذا الحزن مجرد موسيقى وديعة من اشياء عابرة وبدونه الأشياء الجميلة لا تمسنا.بدون ألم. تصتحبني في رحلتي واشعر راض عندما أتقدم علي الممر الجبلي. البحيرة تحتي بكثير, جدول مطحنة و شجر كستنة وسبات عجلة مطحنة, الي يوم صافي هادي.

الفصل 7

سيدهارثا

إذا كنت تكره شخصا ما فأنت تكره شيئا ما بداخلك تجده فيه، فما ليس بداخلنا
لا يزعجنا.

هيرمان هيسى

زيارته للهند في وقت لاحق تمخضت بروايته سيدهارثا [1] , وهي
رواية تستند إلى بداية حياة بوذا. الكتاب يتناول قصة ابن تمرد ضد ابيه
وهو احد افراد طبقة الكهنوت العليا عند الهندوس والعادات والتقاليد
المحكومة بالطريقة البراهمان[2] *الإله الهندوسى* . والكتاب ردد تطلعات
جيل يسعى إلى إيجاد مخرج من التقيد و المادية والتسلط. وهو انعكاس
لتجربة الكاتب نفسه في البحث عن ذاته وانغماسه في تعاليم بوذا.

الجميع لمس ان سيدهارثا سيصبح كاهنا مثل والده وان يكون
معلما في طريقة البراهمان المقدسة ولكن سيدهارثا لمس في قلبه ان هناك

143

شئ مفقود في التعاليم المقدسة وعليه أن يكتشف بنفسه الطريق الحقيقى الذي يقوده للتنوير.

نشأ سيدهارثا مع صديقه جوفيندا و شارك في محادثات الحكماء وجادل مع صديقه ومارس فن التأمل.كان والده فخورا به و رأى فيه العالم العظيم والقسيس والامير بين البراهمان. أثار الحب في قلوب بنات البراهمانيين الصغار حينما يسير في شوارع المدينة كالملاك. لقد أحبه الجميع ولكنه لم يكن سعيداً. وشعر ان حب والديه وحب صديقه جوفيندا له لا يجلب له السعادة والرضاء والسلام ... وادرك ان مجموع المعارف التى تحصل عليها من ابيه وحكماء البراهمن لم تشبعه. وبات الشك يراوده وكثيراً من الأسئلة تحوم في رأسه. سيدهارثا عرف كثيرا من حكماء البراهمين بجانب والده وكنَ لهم الإحترام لعلمهم الغزير في شئون الكون والخليقة ولكنهم يذهبون الي الينابيع المقدسة لغسل خطاياهم وتقديم القرابين ...ورواوده الشك ... لماذا وماذا عن الآلهة ...هل براجاباتى هو الإله الذى خلق الكون ام الإله أتمن ... عليه المضي قدما نحو تحقيق الذات والإقتراب نحو الإله أتمن. كل هذا الغموض جعله يفكر في البحث عن طريق جديد. وفي يوم من الايام طلب سيدهارثا من صديقه جوفيندا ان يذهبا الي شجرة البنيانة للعبادة والتأمل. وجلسا تحت الشجرة. سَرد سدهارتا المقطع التالي:

*

أُمْ القوس، السهم الروح،
برهمان هدف السهم
يهدف له ثابتُ الجَأْش.

*

أُمْ [3] هو رمز الهندوسية وتعني الله والخليقة ووحدة كل المخلوقات. وعند المساء قال سيدهارثا لصديقه " صباح غد سأقوم بالانضمام الي سمانس [4] وهي طائفة دينية تؤمن بهجر الحياة التقليدية والإلتزامات في الحياة الاجتماعية من أجل ايجاد طريقة حياة أكثر إنسجاما مع الطبيعة . سأله صديقه ان كان ابيه سوف يسمح له. قال له سدهارتا " لن نضيع الكلمات ... غدا عند الفجر سأبدأ حياة السمانس, ولنحرص على ألا نناقش الموضوع مرة أخرى." اخبر والده وجرى بينهما الحوار التالي:

سيدهارثا: " جئت لأقول لك سوف اغادر بيتك غدا للانضمام الي المتصوفين. رغبتي ان اكون سَمانا وأنا على ثقة... والدي لن يعترض." وكان والده صامتا لوقت طويل الى ان مرت النجوم عبر النافذ الصغيرة وتغير ترتيبها. فقال له

الوالد: " لا يليق ان تنطلق منا عبارة غاضبة ولكن هناك استياء وغضب في قلبي. أرجو ألا أسمع منك هذا الطلب من مرة ثانية." وبقي سيدهارثا صامتا مَطْوِيّ الذِراعين لا يتحرك من وقفته.

145

الوالد: " لماذا الانتظار"

سيدهارثا: "انت تعرف لماذا"

تركه والده هكذا وغادر لينام ولكنه لم يستطع النوم ونظر من النافذة وشاهد سيدهارثا في وقفته تلك لايتحرك. وتكرر المشهد خلال ساعات اليل. عند مطلع الفجر ذهب الوالد الي سيدهارثا ووجده واقفا لا يتحرك.

الوالد: " لماذا الانتظار"

سيدهارثا: "انت تعرف لماذا"

الوالد: " سوف تظل واقفا طيلة اليوم"

سيدهارثا: "اقف وانتظر"

الوالد: " سوف تتعب"

سيدهارثا: "سوف اتعب"

الوالد: " سوف يدركك النوم"

سيدهارثا: "لن انوم"

الوالد: " سوف تموت"

سيدهارثا: "سوف اموت"

الوالد: " اتفضل الموت على اطاعت والدك"

سيدهارثا: "سيدهارثا دائما يطيع والده"

الوالد: " سوف تتخلى عن المشروع"

سيدهارثا: "سيدهارثا يفعل كل ما يتطلبه والده "

ظل سيدهارثا واقفا وقد لاحظ الوالد اعين ابنه تنظران بعيدا... واقتنع من غير ريب ان ابنه رحل منه هذه اللحظة. لمس كَتِفه وقال له " يمكنك الذهاب الى الغابة لتصبح سَمانا".

واخيرا غادر سيدهارثا منزل ابيه بعد ان ودع امه للإنضمام الى سماناس وبدأ حياة جديدة للبحث عن الذات.

مع سماناس

في الفجر غادر المدينة برفقة صديقه جوفيندا، وأعطى سيدهارثا ملابسه لاحد فقراء البراهمن واحتفظ بإِزَار و عباءة مفتوقة وفي مساء ذالك اليوم التقيا بالسماناس وطلبا اِصْطِحابهم و ولاءهم. سيدهارثا بدأ يتناول وجبة واحدة يوميا ثم صام أربعة عشرة يوما ثم تلاها بثمانية وعشرين يوما حتى صار نحيلا جدا. اراد ان يكون خالى من كل شيئ مثل الظمأ والرغبة والاحلام والمتعة والحزن حتى تموت ذاته ويعيش سكينة القلب الخالى والفكر النقي. وقد تعلم سيدهارثا الكثير من السماناس ... وسار في طريق نكران الذات خلال الألم والمعاناة وتعلم ان ينتصر علي الألم خلال الجوع والظمأ والإرهاق . على الرغم من كل هذا المجهود وجد نفسه يعود الي ذاته ومرة أخرى عاش في عذاب.

وسأل صاحبه "هل توصلنا الي هدفنا". قال له صاحبه "لقد تعلمنا وسوف نتعلم الكثير ". قال سيدهارثا لصاحبه "ما تعلمناه يمكن ان اتعلمه بيسر في المدينة بين لاعبي الميسر وحانات البغاء." استنكر صاحبه هذا الحديث وحينما ذهبا للمدينة للتسول من اجل الطعام جري بينهما الحوار التالي:

سيدهارثا:"هل نحن علي الطريق الصحيح؟ هل اقتربنا من الخلاص والنجاة"

جوفيندا:" تعلمنا الكثير وسوف نتعلم اكثر"

سيدهارثا:"كم من العمر يبلغ اكبر السماناس؟"

جوفيندا:" ستون عاما"

سيدهارثا:"ستون عاما و لم يبلغ نِرفانا[5]. اعتقد لا احداً منهم سوف يبلغ نِرفانا "

جوفيندا:" لا تنطق بهذه الكلمات المفزعة "

سيدهارثا:" قريبا سأترك طريق السماناسا. كنت دائما متعطش للمعرفة و بدأت أعتقد أن ألد أعداء المعرفة رجل العلم والتعلم منه " .

جوفيندا:" ازعجتني كلماتك " ثم همس جوفيندا بهذا المقطع:

"ذا الروح المنعكسة النقية... تغوص في آتمن يعرف السعادة التى لايمكن وصفها بالكلمات"

أسهب سيدهارثا في التفكير بعد سماع المقطع و لم يقل شيئا.

ينتقل الكاتب بنا الي مرحلة جديدة من حياة سيدهارثا ومواصلة البحث للوصول لنِرفانا من معلم بلغها أو البحث بنفسه والوصول الي هدفه. ولا شك ان هيسى عكس تجربتة الي حد ما في شخصية سيدهارثا برفضه مجتمعه الذى عاش فيه قبيل الحرب واختار ان يكون حرا لاتقيده قيود وتقاليد ذلك المجتمع. وهدف إلى تحرير الفرد من الاستبداد والسيطرة وانغمس في نهل المعرفة من العارفين من العلماء والفلاسفة خاصة في بلاد الهند والصين وهم كثر. وانعكست تجربته في سيدهارثا ومؤلفاته العدة. ترك سيدهارثا طريق السماناسا وتبعه صديقه جوفيندا وفي طريقهما سمعا ان شخصا ذائِعُ الصِّيت باسم غوتاما بوذا[4] يعظ الناس ويعرض لهم تعاليمه الممثلة في الحقائق النبيلة الاربع, أولى هذه الحقائق هي المُعاناة: وهي لا تخلو من المعاناة التي يسببها الشقاء ومصادر الشقاء في العالم هي :الولادة والشيخوخة والمرض والموت ومصاحبة العدو ومفارقة الصديق والاخفاق في التماس ما تطلبه النفس. و يقول بوذا:ان سر هذه المتاعب هو رغبتنا في الحياة وسر الراحة هو قتل تلك الرغبه، والحقيقة الثانية :هي الاصل في منشأ المعاناة وعدم وجود السعادة وهي ناجمة عن التمسك بالحياة و ان منشأ هذه المعاناة الحتمية يرجع الى الرغبات التي تمتلئ بها نفوسنا للحصول على أشياء خاصة لنا اننا نرغب دائما في شئ مثل السعادة أو الأمان أو القوة أوالجمال أو الثراء أي أن سبب الشقاء و عدم السعادة هو الأنانية

الأنسانية وحب الشهوات والرغبات والحقيقة الثالثة :هي حقيقة التخلص من المعاناة ولا يتم الا بالكف عن التعلق بالحياة والتخلص من الانانية وحب الشهوات في نفوسنا وتسمى هذه الحالة (النيرفانا) (5) أو الصفاء الروحي والحقيقة الرابعة : هي أن طريق التخلص من الأنانية والشهوات و متاع الدنيا يوجب على الانسان اتباع الطريق النبيل وهو: -الادراك السليم للحقائق الأربع النبيلة وهي التفكير السليم الخالي من كل نزعة هوى أو جموح شهوة أو اضطراب في الأماني والأحلام – الفعل السليم الذي يسلكه الانسان في سبيل حياة مستقيمة سائرة على مقتضى السلوك والعلم والحق –الكلام السليم أي قول الصدق بدون زور أو بهتان –المعيشة السليمة القائمة على هجر اللذات تماما والمتطابقة مع السلوك القويم والعلم السليم –السلوك السليم –الملاحظة السليمة – التركيز السليم. الالتزام بالقواعد الخمس التي تشكل أساس الممارسات الأخلاقية للبوذية وهي: – الكف عن القتل، – الكف عن أخذ ما لم يُعطى له، – الكف عن الكلام السيئ، – الكف عن السلوكيات الحِسية المُشينة، – الكف عن تناول المشروبات المُسْكِرة والمخدرات. بإتباع هذه التعاليم يمكن القضاء على الأصول الثلاثة للشرور: الشهوانية، الحِقد والوَهم. سيدهارثا سمع هذا الكلام وتمعن فيه ووجده جذاب, ساحر, محبب. وعلم أن كثيرا من البراهمين والسمناس اصبحو اتباعا له. ولمس رغبة صديقه جوفيندا للمثول امام المعلم الجديد والسمع اليه وقال

له " جوفيندا تعلم انني صرت قليل الثقة في التعليم والتدريس رغم ذلك انا مستعد للاستماع إليه. وذهبا لمقابلت المعلم الجديد والإستماع اليه.

مع بوذا

سيدهارثا وصديقه وصلا بلدة سافاهى وفيها علما ان بوذا مقيم في جيتافانا في حديقة اناهابنديكا ووجدا كثيرا من القوم مجتمعين لسماع بوذا[6].في المساء تجمع الناس لسماع الوعظ من بوذا سمعوا صوته مليئ بالسلام وتحدث بصوت ناعم ولكنه راسخ و صلب. الكثير طلبوا الإنضمام اليه وقبلهم بوذا قائلا "انضموا إلينا, سيروا الي النعيم والهناء واضعوا حدا للمعاناة." وانضم جوفيندا واصبح من قوم بوذا. اما سيدهارثا فلازمه الشك وقرر ان يخوض معترك الحياة باحثا عن النرفانا بنفسه. وقال لصديقه أمل أن تجد طريق الخلاص من بوذا. ثم نظر إلى اعلى وحوله وقد أشرق وجهه وسار في الطريق مسرع الخطوات وهو يقول "سوف اتعلم من نفسى ولن اهبُ ذاتى لأتمن واحزان العالم ولن ادمر ذاتى من اجل البحث عن سر وراء حطام. ونظر حوله وكأنه رأى الدنيا لاول مرة.

مرحلة الحياة الدنيوية

كاتبنا انتقل بسيدهارثا من عالمه الروحي حيث كان الزهد والتقشف شعاره ليبلغ حالة الاستنارة الي مرحلة الحياة الدنيوية بعيدا من حياة الزُهّاد. هيسى اراد ان يعكس التجربتين تجربة الزهد والتقشف وتجربة الحياة الدنيوية البحتة و تأثيرهما علي شخصية سيدهارثا وفي ذاكرته تجربة بوذا بمراحلها حيث تربَى بوذا الأمير الشاب في رعاية والده وعاش حياة باذخة وناعمة، حتى إذا بلغ سن التاسعة والعشرين، أخد يتدبر أمرهُ وتبين له كم كانت حياته فارغة ومن غير معنى. قام بترك الملذات الدنيوية، وذهب يبحث عن الطمأنينة الداخلية وحالة التيقظ (الاستنارة). قام بممارسة اليوغا لبعض السنوات، وأخضع نفسه لتمارين قاسية وكان الزهد والتقشف شعاره في هذه المرحلة من حياته. بعد سبع سنوات من الجُهد، تخلى بوذا عن هذه الطريقة، والتي لم تعُد تقنعه، واتبع طريقا وسطا بين الحياة الدنيوية وحياة الزُهّاد. كان يجلس تحت شجرة التين، والتي أصبحت تُعرف بشجرة الحكمة، ثم يأخذ في ممارسة التأمل، جرب حالات عديدة من التيقظ، حتى أصبح مؤهلا لأن يَرتقى إلى أعلى مرتبة وهي بوذا المتيقظ.

في كل خطوة علي مساره الجديد فتن سيدهارثا بالعالم وكأنه يراه لأول مرة. وفي الليل رأى النجوم في السماء والقمر كمركب عائم في

الزرقاء. سمع الطيور تغرد, والنحل همهم والريح هب برقة عبر الحقول. قد شاهد الشجر والنجوم والحيوانات والسحب والصخور والزهور والأهار والندى يتلألأ علي الشجيرات في الصباح الباكر. كل هذا لم يكن ذا بال في حياته بالأمس. امضى سيدهارثا ليلة في قطية مراكبي علي ضفة النهر وفي الصباح الباكر طلب من المراكبي ان يعدى به الي الشاطي الأخر واعجب وهو يشاهد صفحة الماء العريضة لاحت وردية في ضوء الصباح. قال للمراكبي "نهر جميل" "نعم احبه فوق كل شيء, لقد استمعت له كثيرا وتعلمت منه الكثير." رد المراكبي. عندما وصلا الشاطي الأخر دار بينهما الحديث التالي. سيدهارثا "شكرا لك ياأيها الرجل الطيب ليس لدي أي هدية أو أي أجر أدفعه لك فانا بلا مأوى وابن براهاما وسمانا " المراكبي " لم أكن أتوقع أي شئ ولكنك سوف تقدمها لي في وقت آخر" سيدهارثا " هل تعتقد ذلك ؟ "المراكبي " بالتأكيد. وقد تعلمت من النهر أي شيء يعود وأنت أيضا يا سمانا سوف تعود والآن الوداع." وصل سيدهارثا الي مدينة كبيرة وانغمس بشغف في حياة المدينة من ملزات والتقى بكمالا وفتن بجمالها. وطلبت منه ان يعمل حتى يكسب المال اذا ود التقرب منها وسألته عن عمله فقال :" أستطيع التفكير وألصيام والإنتظار " ابتسمت وقالت "فقط " .

فقال "أغرض الشعر... وهل تقبلينى اذا نظمت قصيدة لك " قالت "نعم". فقال المقطع التالى:

الي بُسْتانها ذهبت كمالا الوسيمة,
وفي مدخل البستان وقف سمانا الأسمر,
حينما شاهد زهرة اللوتس ,

انحنى.
وابتسم مرحباً بكمالا ,
افضل,... فكر سمانا الشاب ,
تقديم التضحيات من أجل كمالا الوسيمة
افضل من تقديم التضحيات للأله.

فابتسمت وقبلته وتقرب منها ومارس معها الجنس وقادته كمالا المومس الي كماسوامى التاجر للعمل معه لكسب المال. والتاجر كماسوامى يمثل الجشع وعند لقائه بسيدهارثا دار بينهما الحديث التالى والذى عكس التباين بينهمها.

كماسوامى: " قد علمت انك تود العمل معي فهل انت بحاجة"

سيدهارثا:"لست بحاجة. كنت أنتمي لسماناس وعشت معهم لفترة طويلة"

كماسوامى: " اذا قدمت من سماناس كيف تكون لست بحاجة فالسماناس ليس لهم ممتلكات "

سيدهارثا:"نعم ... ولست بحاجة لممتلكات"

كماسوامى: " كيف تعيش بدون ممتلكات "

سيدهارثا:" لمدة ثلاث سنوات تقريبا و لم يحدث لي التفكير في هذا الشأن "

كماسوامى: " يعنى عشت من ممتلكات الأخرين "

سيدهارثا:" كما يبدو... والتاجر ايضا يعيش من ممتلكات الأخرين "

كماسوامى: " ولكن يعطي بضاعته في المقابل... ماذا تعطي انت في المقابل "

سيدهارثا:" أستطيع التفكير وألصيام والإنتظار "

كماسوامى: " وأي فائدة تجنى من ذلك "

سيدهارثا:" فان كان الانسان ليس لديه ما يأكل فالصيام هو أذكى شيئ يمكن عمله. تعلمت كيفية الصيام وأستطيع أن أبتعد عن الجوع وقتا طويلا "

كماسوامى: " أنت على حق"

خرج كماسوامى وعاد وهو يحمل ورقة كتب عليها اتفاقية مبيوعات و طلب منه قراءها.

اعجب بقراءته وطلب منه أن يكتب شيئا. واعجب بكتابته وقال له "كتابة جيدة ...تفكير افضل... ذكاء جيد...وصبر افضل". وقرر أن يستفيد من هذه الخصال في تجارته ودعاه الى منزله والعمل معه. وافق

سيدهارثا واقام بمنزل كماسوامى وشاركه في اعماله التجارية. وواظب على زيارة كمالا بملابسه الجميلة وحسن طلعته وتعلم منها سر الحب والمتعة به. كان سيدهارثا في معاملته على عكس كماسوامى لا يندم اذا فشل واذا نجح تقبل الربح بهدوء. وفي مرة من المرات ارسله كماسوامى لكي يشتري كميات من الارز ولما وصل الى المكان وجد الرز بيع لاحد التجار قبل وصوله و لم يقلق وبقي في تلك القرية لعدة ايام حيث تعرف على اهل القرية وأعطى أموالا للأطفال وعاد مسرورا. لامه التاجر وغضب للخسارة الفادحة وضياع الوقت شأنه شأن تاجر جشع لا يهمه غير جمع المال. قال له سيدهارثا "تعلمت منك كم تكلف سلة السمك وكم اكسب من تقديم القروض ولكن لم اتعلم منك كيف افكر". يعني انه مستقل في فكره. لم يكن مولعا بالتجارة ولكنها مفيدة لجلب المال لحبيبته كمالا. وهو متعاطف مع الناس ولكن شيء فاصل بينهما لكونه عاش سمانا. شاهد الناس تؤذي بعضها البعض من اجل المال وأشياء عديمة الأهمية . ونرى سيدهارثا متعلق بحياته السابقة رغم التجربة الجديدة والتي قصد منها اكتساب تجارب لم تكن في الحسبان من قبل. سيدهارثا لم يكن مولعا بالتجارة ولكنها كانت مفيدة لجلب المال لحبيبته كمالا، وقد جلبت له اكثر من اللازم. كثير من الناس جاءوا للتجارة معه وكثير منهم جاءوا لخداعه وكثير منهم يستمع الى نصيحته. كان يشغل أفكاره في كل هذا الانفعال العاطفي مع كل لعبة, التي

يلعبها الرجال من حوله . ونرى سيدهارثا متعلق بحياته السابقة وكان يشغل أفكاره بالآلهة وبراهمان رغم التجربة الجديدة والتى قصد منها اكتساب تجارب لم تكن في الحسبان من قبل. وقد لاحظ بوضوح انه يقود حياة غريبة. الناس من حوله يتعذبون من أجل الحصول على المال والمتعة بكل الطرق ويؤذي بعضهم البعض. وكان يعامل الناس سواسية الفقير والغني والخادم والمحتاج. لم يكن سيدهارثا قنوعا بحياته هذه وفي داخله صوت يناديه بأن الحياة الحقيقية تذهب بعيدة عنه وظل يلاحقها في داخل نفسه. واظب على زيارة كمالا وقال لها يوما انها مثله يمكنهما اللجؤ اليه وكثير من الناس حولهما كأوراق الشجر الساقطة تدور في الهواء وتسقط على الأرض وقليل منهم كالنجوم تسير في خط مرسوم لا تصله الرياح وهناك رجل واحد أعرفه يدعى بوذا "المتيقظ". "غاوثاما" يعلن طريقةً لخلاص البشر من دائرة الولادة المتكرّرة (سمسرة). قالت له كمالا انت افضل عاشق صادفته وسوف ارزق منك طفلا رغم أنك سوف تبقى سامانا ورقم انك لا تحبنى ولا تحب أحدا. قال لها إنك مثلى لا تحبى احدا وإلا كيف تباشرين الحب كفن من الوان الفنون.

استيقظ من جديد

منذ فترة طويلة عاش سيدهارثا حياة العالَم من دون الانتماء اليه. تجربته خلال السنوات التى عاشها كسمانا عادت واستيقظ من جديد. جرب طعم الثراء والعاطفة والسلطة ولكن لفترة طويلة من الزمن وهو ما زال سامان في داخل قلبه. منذ فترة طويلة إمتلك بيتا لنفسه و خدم و حديقة والناس جاءوا إليه يطلبون المال والمشورة. رغم ذالك لم يكن له صديق غير كمالا. التجربة الرائعة والرفيعة في شبابه بعد أن إستمع لتعاليم بوذا "المتيقظ" تمكنت في نفسه واصبحت تعود اليه . روح التنسك والتقشف عادت اليه رويداً رويداً و تسللت إلى روحه. وقد لاحظ ان الصوت المشرق الواضح بداخله والذى كان دائما يستهدي به في أجمل ساعاته أصبح صامتا. ممتلكاته والغنى قد عاقت عليه السبل. عندما استيغظ من الحلم, طغى عليه شعور بالحزن العميق. ذهب سيدهارتا الى حديقة يمتلكها ، وأغلق الأبواب وجلس تحت شجرة مانجو و شعر بالموت في قلبه. تدريجيا جمع أفكاره وسار خلال حياته السابقة منذ البداية . متى كان سعيدا؟ انه واجه هذا عدة مرات. ذاق السعادة في طفولته عندما حصل على الثناء من البراهمين عند تفوقه في تلاوة الآيات المقدسة وفي حُججة مع رجال الدين وعند مساعدته في الأُضْحِيَّة الدينية . تذكر عندما كان هدفه باستمرار البحث عن الذات وسعيه الحثيث لفهم تعاليم البراهاما و كل المعارف المكتسبة

حديثا جعلته يتوق إلى معرفة جديدة ، ثم مرة أخرى في خضم العطش لمعرفة جديدة. وكاد يسمع صوته عند ما غادر منزله ثم اختيار طريق السمانسا . كم من فترة طويلة قضاها دون الهدف النبيل .

وكان هذا العالم بأسره من الناس مثل كماسوانى لعبة رقص فقط وكوميديا فقط كانت كامالا عزيزة له ولكن هل هو لا يزال بحاجة لها ؟ لا انتهت اللعبة, لعب لعبة والتي ربما كانت ممتعة بمجرد مرتين ... عشرة أضعاف ... ولكن هل كان يستحق اللعب بشكل مستمر ؟ ثم عرف ان اللعبة شارفت الانتهاء ؛ شعر وكأن شيئاً قد توفي في داخله. كان يجلس في ظل شجرة المانجو وتذكر والده و غوفيندا وقوتاما. جلس هناك حتى حلول الليل. ودع شجرة المانجو والحديقة. لم يكن لديه أي طعام ذلك اليوم و شعر بالجوع وتذكر منزله في البلدة و غرفة نومه المريحة و الغذاء المتوفر. ابتسم و هز رأسه ، وقال وداعا إلى هذه الأشياء. نفس الليلة غادر سيدهارثا حديقتة و منزله و المدينة ولم يعد أبدا. منذ فترة طويلة حاول كماسوانى العثور عليه معتقدا انه سقط في أيدي قطاع الطرق . ولكن كمالا لم تحاول العثور عليه. لم تكن فوجئت عندما علمت ان سيدهارثا قد اختفى. هو سامانا لم تغيره حياة المدينة. وقد شعرت أنه في أكثر من أي وقت مضى في اجتماعهم الأخير انه مقرب من قلبها. عندما سمعت أخبار اختفاء سيدهارثا ، ذهبت إلى النافذة حيث طائر غريد في قفص ذهبي. فتحت باب القفص

وأخرجت الطائر واطلقت صراحه والسماح له بالتحلق بعيدا. لفترة طويلة نظرت اليه وهو يحلق بعيدا محتضنا الحرية بجناحيه. منذ ذلك اليوم اغلقت منزلها و لم تلتقي بالمزيد من الزوار. بعد فترة وجدت أنها حامل بعد اجتماعها الأخير مع سيدهارتا.

تجول سيدهارتا في الغابة بعيدا من المدينة وهو مصمم أن لا يعود والحياة التي عاشها لسنوات عديدة قد مضت و استنزفت إلى درجة من الغثيان. والطير المغرد قد مات. شعر بالغثيان و الموت يحيط به من جميع الجوانب. لم يكن هناك أي شيء في العالم يمكن أن يجتذبه. وتمنى الخلود للسكينة والموت. وتمنى أن يأتي نمر يفترسه أو أن يتحصل على بعض النبيذ أو بعض السموم لتمنحه النسيان. أي خطيئة و حماقة إرتكبها...هل يمكنه العيش ؟ لا ذال يجول في داخله يعتصر مرارة تجربته حتى وصل النهر الذى عبره من قبل في شبابه تاركا صديقه جوفانا مع اتباع بوذا. توقف عند النهر. غلبه الإرهاق والجوع فجلس و اتكأ على شجرة جوزة الهند ووضع ذراعه حول الجذع و بدأ ينظر في المياه الخضراء التي تتدفق تحته. الفراغ البارد في الماء عكس الفراغ الرهيب في روحه. نعم انه في النهاية. وسمع صوت أُم المقدس واستيقظ فجأة واعترف بحماقة وشعر بالفزع الشديد في الرغبة في الموت والعثور على السلام خلال تدمير الجسم. عند سفح شجرة جوز الهند غلبه التعب وغرق في نوم عميق. استيقظ بعد عدة ساعات. بداء له كما لو

كانت قد مرت عشر سنوات. سمع تموج الماء وأعرب عن دهشته لرؤية الأشجار و السماء ولم يتذكر حيث كان و كيف انه جاء الى هناك. وشعر برغبة في البقاء هناك لفترة طويلة. الماضي بدا له محجوب وبعيد للغاية و غير ذات اهمية. في اللحظة الأولى من عودته إلى وعيه بدت له حياته السابقة مثل ولادة سابقة لذاته الحاضرة. عرف أن حياته السابقة قد انتهت وقد كانت ملئة بالبؤس والحقارة والتعاسة. تحت شجرة جوز الهند مع الكلمة المقدسة أُم على شفتيه سقط نائما و حينما استيغظ نظر للعالم مثل رجل جديد. نهض وشاهد راهبا في ثوب أصفر حالق الرأس جالس قبالته في موقف المفكر. نظر سيدهارثا للرجل وعرف انه غوفيندا صديق شبابه و الذي لجأ لبوذا. ولكن عندما نظر له غوفيندا لم يتذكره. سأله سيدهارتا "كيف أتيت هنا ؟" رد غوفيندا " وجدتك نائما ولأن هذه الأماكن بها ثعابين وحيوانات مفترسة حاولت أن أوقظك ولكنك كنت في نوم عميق جدا ، وفضلت البقاء حتى لايصيبك مكروها" . شكره سيدهارتا "أود أن أشكركم سامانا ولكن الآن أذهب في طريقك" . غوفيندا انحنى وقال له وداعا. وقال له سيدهارتا "وداعا ، غوفيندا". وقف الراهب وقال "العذر يا سيدي ، كيف عرفت اسمى ؟". ضحك سيدهارتا وقال له " أعرف أنك غوفيندا من والدك و مدرسة البراهاما وإقامتنا مع سماناس و عندما أقسمت يمين الولاء إلى بوذا " قال غوفيندا بصوت عال " أنت سيدهارثا" . قال له

سيدهارثا " يطيب لي أن أراك مرة أخرى. أود أن أشكرك مرة أخرى على الرغم من أنى لا احتاج لحارس. الى اين انت ذاهب ، صديقي ؟" قال له غوفيندا "نحن دائما على الطريق ، ما عدا خلال موسم الأمطار. نحن دائمى الانتقال من مكان إلى آخر وفقاً للقاعدة نوعظ ونجمع الصدقات . ولكن أين أنت ذاهب سيدهارثا ؟ " سيدهارثا قال: "مثلك ... أنا فقط على الطريق...في رحلة حج." غوفيندا قال: "أنت لا تبدو مثل الحجاج. ملابسك ملابس رجل غني ... شعرك معطر وليس شعر سامانا. " قال له سيدهاتا "هذا صحيح ... أنا كنت رجل غني والأن لم اعد ولا ادري ما سوف أكون غدا "ً. غوفيندا ذهب في طريقه. وسيدهارثا شاهد صديقه المخلص ذاهب في طريقه وقد انطبعت عليه ابتسامة. و في تلك اللحظة في تلك الساعة الرائعة بعد نومه تغلغل مع أوم وأحب كل شيء من حوله. وهو يبتسم شاهد صاحبه الراهب يغادرة. النوم اعطاه قدرة و لكنه عانى كثيرا من الجوع. وتذكر كيف تجنب الجوع في الماضى و كان يتباهى بثلاثة أمور ...الصيام والإنتظار والتفكير. وكانت هذه ممتلكاته. تعطيه السلطة والقوة. انه تعلم هذه الفنون الثلاثة خلال السنوات من شبابه. والآن فقدها. و الآن على ما يبدو انه قد أصبح بالفعل شخص عادي. نظر سيدهارتا إلى حالته. وقد وجد أنه من الصعب التفكير ؛ انه حقا ليس لديه اي رغبة ولكنه اجبر نفسه. الآن ، يعتقد أن كل هذه الأمور الانتقاليه تراجعت بعيدا عنه مرة

أخرى ، يقف مرة أخرى تحت الشمس ، كما وقف مرة وهو طفل صغير. لا يملك شيئا لا يعرف شيئا ، لم يتعلم شيئا. غريب كيف! الآن لم يعد من الشباب. بدأت قوة الشباب تضمحل. وقال "نعم ، انا ذاهب الى الوراء و الآن وقفت مرة أخرى فارغ عاري و جاهل في العالم". الا انه لم يحزن من ذلك ؛ لا ، بل شعر برغبة كبيرة في الضحك ، الضحك على نفسه وعلى هذا العالم الاحمق الغريب. وقال لنفسه الامور تسير باتجاه عكسي معي وعندها نظر نظرة سريعة على النهر و شاهد النهر أيضا يتدفق باستمرار إلى الوراء بغناء مرح. سره ذلك كثيرا وابتسم للنهر. ألم يكن هذا النهر الذي كان مرة يود أن يغرق نفسه فيه؟– مئات السنين قبل —— أو كان يحلم بذلك ؟ كم كانت غريبة حياته. انه كان في أرجائها على طول مسارات غريبة. عندما كان صبيا إنشغل مع الآلهة و التضحيات ، و إنشغل بالتفكير والتأمل. لقد كان يبحث عن البراهمي و التبجيل الأبدى في اتمن .عاش في الغابات و عان من الحرارة والبرد. تعلم بسرعة قهر جسمه. ثم اكتشف بعجب تعاليم بوذا الكبير. ولكن شعر مجبرا بترك بوذا والبحث عن معرفة اكبر. ذهب ليتعلم ملذات الحب من كمالا و التجارة من كماسوامى وجمع المال ، وفقد القدرة على التفكير ومن خلال هذه الانحرافات تغير من رجل الى طفل ، من المفكر إلى شخص عادي. ولكن هذا المسار كان جيدا رغم تجربة الغباء وخيبة الأمل والغثيان. وشعر أنه كان عليه أن

يخوض هذه التجارب لكى يستمع الى الرب أم مرة أخرى . شعر بسعادة كبيرة متزايدة بداخله . وسأل نفسه ما هو سبب هذا الشعور بالسعادة ؟ هل هذه السعادة نشأت من النوم الطويل أو من كلمة أم التي نطقها ؟ أو لهروبى من ذالك الواقع واصبحت حرا ووقف كالطفل تحت السماء ؟ لقد كره عالم الثروات ، الآن وضع حداً لتلك الحياة الفارغة. وأثني علي نفسه أنه بعد سنوات عديدة من الحماقة عاد الى رشده وأشاد بنفسه راضا. استمع الى بطنه التي دمدمت من الجوع.

أدرك سيدهارثا الآن لماذا قد ناضل عبثا مع ذاته عندما كان براهمان وراهبا. الكثير من المعارف وقفت في طريقه والعديد من الآيات المقدسة ، وطقوس القرابين الكثيرة جداً . كان مليئا بالغطرسة وكان على الدوام الأدهى والاحرص وكان متقدما علي الآخرين . وسيدهارتا طيلة هذه التجارب المريرة مات وهو الأن سيدهارتا جديد قد استيقظ من نومه. وبات سعيدا جدا. مرت هذه الأفكار من خلال عقله. تبسم و استمع الى بطنه واستمع إلى أزيز نحلة. وبسعادة نظر الى النهر المتدفق. أحب النهر وكأن النهر يود أن يقول شيء خاص له. وسيدهارتا الجديد شعر بحب عميق لهذه المياه المتدفقة ، وقرر أن لا يغادر النهر مرة أخرى بسرعة.

المراكبى

سأظل بجانب هذا النهر ...فكر سيدهارتا... وهو النهر نفسه الذي عبره في طريقه إلى المدينة عندما أخذه المراكبي الودود عبره. وقرر الذهاب لمقابلته . الآن أبدأ حياتي من جديد. نظر بمودة إلى المياه المتدفقة. عندما وصل وجد القارب والمراكبى وطلب منه أن يأخذه عبر النهر. وقال له سيدهارتا "قد اخترت حياة رائعة ...أن تعيش بالقرب من هذا النهر و الإبحار كل يوم " ابتسم المراكبى وقال له " انها بخير يا سيدي ، كما تقول ولكن ليس كل الحياة ... وليست لمن يرتدى ملابس جميلة". ضحك سيدهارتا وقال "لقد حكمت علي بملابسى اليوم بعين الريبة ... سبق أن عبرت هذا النهر دون دفع اجرة، اليوم أرجو اخذ ملابسي بدلا من الاجرة لانى لا املك مالا و تعطيني بعض الملابس القديمة وأبقى مساعدا لك وأن أتعلم كيفية التعامل مع القارب". نظر المراكبى له وتعرف عليه أخيرا. وتذكر انه حل عليه ضيفا مرة ونام في كوخه منذ زمن بعيد ، ربما أكثر من عشرين عاما. قال له سيدهارثا " كنت سامانا واسمي سيدهارتا" رحب به المراكبى فاسوديفا.

جلس سيدهارتا على القارب يشاهده و شعر بالمودة نحوه و عندما وصلا إلى ضفة النهر ساعده لتأمين القارب. ثم قاده المراكبى الى كوخه و عرض عليه الخبز والمياه و ثمار المانجو و أكل سيدهارثا بشغف. لاحقاً، عند المغيب جلسا على جذع شجرة على النهر و قص سيدهارتا

قصة حياته وقد استمرت القصة الى ساعات متأخرة من الليل. واستمع فاسوديفا[8] باهتمام كبير. قال له فاسوديفا" كما اعتقدت تحدث النهر إليك ... جيد جداً. أبقى معي سيدهارتا كصديقي. كانت لدي زوجة ولكن توفيت منذ فترة طويلة. عشت لوحدى منذ وقت طويل. سوف تتعلم من النهر ... النهر يعرف كل شيء ؛ وسوف تصبح مراكبى مثلى و سوف تتعرف على شيء آخر أيضا. " وقال له سيدهارتا بعد توقف طويل: "ما هو الشيء الآخر ". قام المراكبى وقال" علينا الذهاب إلى الفراش. لا استطيع ان اقول لك ما هو الشيء الآخر. سوف تعرف بنفسك ما هو الشيء الآخر لا أعرف كيفية التحدث أو التفكير اعرف فقط كيف استمع. أنا فقط مراكبى قد اخذت آلاف أشخاص عبر هذا النهر. كانوا قد سافروا لجمع المال والأعمال وإلى حفلات الزفاف والحج وكان النهر فى طريقهم عقبة وعبرت بهم بسرعة عبر العقبة. ومع ذلك، بين الآلاف هناك عدد قليل أربعة أو خمسة منهم لم يكن النهر عقبة. استمعوا إليه وأصبح النهر المقدس لهم كما هو الحال بالنسبة لي. دعنا الآن نذهب إلى النوم" . سيدهارثا بقي مع المراكبى وتعلم مهنتة و كان يعمل في حقل أرز مع فاسوديفا ويجمع الحطب و الفاكهة. و تعلم كيفية تحسين القارب وأعرب عن سروره بما تعلم . الأيام والأشهر مرت بسرعة. تعلم من المراكبى كيفية الاستماع بقلب مطمئن وروح منفتح. عاش سعيدا مع فاسوديفا وتبادلا أحيانا الكلمات

القليلة. كان فاسوديفا لا يتحدث كثيرا. و لم ينجح سيدهارتا أن يجعله متحدثا. و طلب منه إن كان هو ايضا تعلم ذلك السر من النهر أن لا يوجد شيء اسمه الوقت ؟ إنتشرت ابتسامة مشرقة على وجه فاسوديفا وقال له " نعم " وقال له سيدهارتا " هل هذا ما تعنيه ؟ أن النهر في كل مكان في نفس الوقت ، في المصدر... في المصب في الشلال في العبارة في المحيط و في الجبال في كل مكان ، وأن الحاضر فقط موجود لديه ، لا ماضي ، ولا مستقبل ؟ "

عرف سيدهارتا أن حياته بمراحلها المختلفة كالنهر لا ماضى ولا مستقبل كل شيء له حقيقة و وجود. هذا الاكتشاف جعله سعيدا. وقال سيدهارتا: "أ ليس صحيحا ، صديقي أن النهر له عدة أصوات ... أصوات جميع المخلوقات الحية ؟" ضحك المراكبى و ابتهج ومال نحو سيدهارتا وهمس أم المقدسة في أذنه. و هذا ما سمعه سيدهارتا للتو. وكثيرا ما كانا يجلسا معا في المساء على جذع الشجرة بجانب النهر. كل منهما يستمع بصمت إلى المياه التي لم تكن مجرد مياه ، ولكن صوت الحياة. حدث ذلك في بعض الأحيان أن أثناء الاستماع إلى النهر كلاهما فكرا في نفس الأشياء.

مرت السنوات وفي يوم جاء بعض الرهبان من اتباع بوذا ليعبرو النهر. وعلما أن المعلم الكبير بوذا على فراش الموت وتوافد الناس كأسراب النحل حيث كان يرقد بوذا الكبير على سرير الموت ... الى

مرحلة الخلود ... حيث الحدث الكبير. كمالا ايضا انخرطت ضمن هذه الأسراب إلى حيث يرقد المعلم الكبير. انطلقت على الأقدام ، بملابس بسيطة مع ابنها. منذ زمن طويل غيرت كمالا طريقة حياتها ووهبت حديقتها مأوآ لراهِبي بوذا واصبحت من النساء في خدمة حجيج بوذا , تاركة حياتها السابقة الى الأبد. عندما سمعت بقرب موت بوذا , انطلقت على الأقدام ، بملابس بسيطة مع ابنها وعندما وصلت الى النهر كان الإبن منهكا من الرحلة الشاقة ولم يستوعب ويفهم لماذا تصر امه على المسيرة الشاقة من أجل رجل غريب وعلى فراش الموت. وبالقرب من مركب فاسوديفا توقفا للراحة والإستجمام على الأرض بجانب النهر. وبعد لحظات صرخت كمالا من الألم اثر لدغة ثعبان. صرخ إبنها مستنجدا وجاء المراكبى وحمل الام الى قاربه. حينما وصلو الى قطية المراكبى كان سيدهارتا واقفا ولمح وجه الطفل واستغرب أن شيئا ما خطر على باله ... وشاهد كمالا بين يدى فاسوديفا مغما عليها وعرفها في الحال وأن الطفل إبنه من كمالا. فاقت كمالا من الاغماء ووجدت نفسها على سرير سيدهارثا الرجل الذى حبته ينظر إليها وكأنها في حلم وتحدثت بصعوبة والسم يسرى في جسدها "قد كبرت عزيزى والشيب اخذ منك ... لكن بقيت سمانا الشاب الذى أتى الى حديقتى بدون ملابس مغبر القدمين ... قد كبرت أنا كذلك ... هل عرفتنى؟" "نعم عرفتك عزيزتى كمالا في الحال" قال

لها. ابتسمت كمالا رغم الألم. وضع سيدهاثا إبنه على ركبته وهو يجهش بابكاء وتذكر صلات البراهاما حينما كان طفلا وصار يعيدها من الماضى بصوت عزب الى أن نام الطفل ووضعه على سرير فاسوديفا. ماتت كمالا وذهب فاسوديفا و سيدهارثا واقاما محرقة الجثث فوق تل.

الإبن

الصبي قد حضر تشييع والدته ؛ مغمور بالبكاء والخوف ، واستمع إلي سيدهارتا مرحبا به كإبنه في منزل فاسوديفا. لعدة ايام جلس الطفل علي التل حزينا. سيدهارتا تركه لوحده احتراما لحزنه . فهم سيدهارتا أن ابنه لم يعرفه ولا يمكن أن يحبه باعتباره أب. وأدرك أن الصبى نشأ في كنف الأم مدللا وأنه اعتاد على حياة الاغنياء ولا يمكنه التحول الي حياة والده الا بالصبر والود والحنان وأعرب عن أمله للفوز به. لكن مر الوقت وظل الصبي عابسا و متعجرفا و متحديا ، لا يحترم الناس ، بدأ سيدهارتا يدرك أن لا سعادة و سلام مع ابنه فقط الحزن و المتاعب.
لعدة شهور وسيدهارتا انتظر بصبر على أمل أن يكون له عونا في العمل في الكوخ والحقول و ليفهم ويتقبل حبه. ولكن الصبي لم يتغير في سلوكه. أخذه يوما صديقه فاسوديفا جانبا في المساء ، تحدث معه وقال له " اغفر لي يا صديقي, أستطيع أن أرى أنك تشعر بالقلق و غير

سعيد. صديقي العزيز إبنك مثير للقلق لك ولي أيضا. هو شاب اعتاد على حياة مختلفة . انه لم يعش بعيدا عن ثروات المدينة ولم يصبه شعور الاشمئزاز والغثيان كما فعلت أنت. يا صديقي ، إستفسرت من النهر مرات عديدة فضحك لي و ضحك لك ؛ ابنك لن يكون سعيدا في هذا المكان. اطلب من النهر واستمع إلى ما يقول". قال سيدهارتا و في وجهه الرقيق العديد من التجاعيد وقال بهدوء. " أعطني بعضا من الوقت صديقي العزيز. أنا أحاول الوصول إلى قلبه بالحب والصبر. كما سيتحدث له النهر له يوما ما." إبتسم فاسوديفا وقال"إن قلبه فخور وقاسي . انه ربما يعاني الكثير ويرتكب الكثير من الاخطاء و الكثير من الظلم و ارتكاب الخطايا العديدة. صديق هل تعلم ابنك ؟ هل يطيعك ؟ هل تضربه أو تعاقبة ؟ " لا ,لا أفعل أي من هذه الأشياء. "رد عليه الأب. قال فاسوديفا "كنت أعرف ذلك. لم تكن صارما معه ، لا تعاقبه ، لا تأمره — لأنك تعرف أن الدماثة أقوى من الشدة, و المياه أقوى من الصخور و أن الحب أقوى من القوة. جيد جدا ، الثناء لك ولكن ربما يكون خطأ أن لا تكون صارما معه وأن لا تعاقبة؟ الا تقيده بحبك ؟ هل أنت تجبر هذا الفتى المتعجرف ، لكي يعيش في كوخ مع اثنين كبار السن أكلي الموز و الرز وأفكارهما لا يكون مثل أفكاره ، اليس هذا عقاب له ؟ " نظر سيدهارتا الي الأرض مرتبكا. قائلا "ما رأيك يجب أن أفعل ؟".قال له فاسوديفا "خذه الى المدينة ؛ الى منزل

والدته. سيكون هناك الخدم؛ تأخذه لهم و إذا لم تجدهم خذه الي معلم وليس فقط من أجل التعليم ، ولكن لكي يقابل الفتيان والفتيات في العالم التي ينتمي إليها. ألم تفكر أبدا في ذلك ؟ " قال الأب حزينا "يمكنك أن ترى في قلبي ،فكرت في ذلك كثيرا. ولكن كيف سيستمر في هذا العالم ؟ ألا يعتبر نفسه أفضل وفوق الجميع و يفقد نفسه في المتعة والقوة ، ويكرر أخطاء والده، و يضيع في سانسارا [1] ؟" ابتسم فاسوديفا مرة أخرى. ولمس ذراعه برفق وقال:" اسأل النهر عن ذلك ، صديقي استمع إليه". خلال تجربته في المدينة ومع كمالا لم يخضع أبدا لحماقات الحب لشخص آخر. انه لم يكن قادرا على القيام بذلك ومن ثم قد بدا له أن هذا هو الفرق بينه وبين الناس العاديين. ولكن الآن ، ومنذ مجئ ابنه اصبح تماما مثل واحد من الناس من خلال الخوف علي ابنه وحبه له والحزن الذى إعتراه . كان هذا الأب رجل طيب رجل لطيف رقيق وربما كان رجلا تقيا ، وربما كان رجل مقدس —— ولكن كل هذه لم تكن الصفات التي يمكن أن يفوز بها على الصبي. علنا تحول الإبن ضد والده. أصبح متحديا والكراهية والغضب والاحتقار شيمته كل ذلك في وجه أبيه. كمالا، قالت له منذ وقت طويل. 'لا يمكن أن تحب،' وقد اتفق معها. كان يقارن نفسه بنجمة، وكل الناس كأوراق الشجر المتساقطة، ومع ذلك شعر ببعض اللوم في كلماتها. كان صحيحاً أنه ابداً لم يفقد نفسه في شخص آخر إلى درجة ينسى نفسه؛ و لم يخضع

171

ابداً لحب شخص آخر. لم يتمكن من القيام بذلك، ومن ثم يبدو له أن هذا هو الفرق الأكبر بينه وبين الناس العاديين. ولكن الآن، لأن ابنه معه، أصبح تماما مثل واحد من الناس، من خلال الحزن، عن طريق المحبة. أنه جنون في الحب، ومغفل من أجل الحب. والآن جرب متأخراً, ولو لمرة واحدة في حياته، أغرب وأقوى عاطفة: أنه عانى كثيرا من خلالها وبعد ارتفع بطريقة متجددة وأكثر ثراء.

شعر بأن هذا الحب، هذا الحب الأعمى لنجله، وكان عاطفة بشرية جداً، أنها سنسارا، ربيع مضطرب للمياه العميقة. وفي الوقت نفسه شعر أنها ليست عديمة الفائدة، أنها ضرورية، و جاءت من طبيعته. هذه العاطفة، وهذا الألم، هذه الحماقات أيضا يجب أن تجرب. وفي الوقت نفسه، ابنه جعله يرتكب حماقات. دعه يكون متواضعا بمزاجه. لم يكن هناك شيئا في والده يجتذب إليه وليس هناك ما يخشى. هذا الأب كان رجل طيب، رجل لطيف وربما كان رجلاً تقياً، ربما رجل مقدس – ولكن و لم تكن كل هذه الصفات تمكن الأب من استمالت إبنه. هذا الأب الذي أبقاه في هذا الكوخ البائس الممل ، وعندما أجاب علي غلظته بابتسامة، وكل إهانة بالود، وكل وقاحة بلطف. يوما ما تحول الإبن علنا ضد والده. عندما أبلغه أن يجمع بعض أغصان ولكن الصبي لم يتحرك من الكوخ، وكان واقفاً هناك، متحديا وغاضبا، معلنا الكراهية والازدراء في وجه والده. وقال الإبن لوالده " أنا لست

بخادمك. ولا تجرؤ على ضربي ومع ذلك أعلم أنك تعاقبني باستمرار وتجعلني أشعر صغيرا بتقواك وتسامحك. كنت تريد مني أن أصبح مثلك ورع و لطيف وذا حكمة، ولكن أفضل أن أكون لص وقاتل وأذهب إلى الجحيم، من أن أكون مثلك. أنا أكرهك. أنت لست أبي حتى إذا كنت عاشق أمي اثنتي عشرة مرة". مليئا بالغضب والبؤس، وغاضب على والده. خرج الصبي وعاد في وقت متأخر في المساء. في صباح اليوم التالي هرب الإبن آخذا معه بعض القطع النحاسية والفضية واشياء اخرى وأخذ القارب. رأه سيدهارتا على الجانب الآخر من الضفة. وقرر أن يلحق بإبنه خوفا عليه أن يصيبه ضرر في الطريق خلال الغابات. مع صديقه فاسوديفا اعدا طوفا لعبور النهر. وأستأذن سيدهارتا فاسوديفا للبحث عن الصبي. قضي سيدهارثا وقتا طويلاً في الغابة باحثا عن إبنه ووجد أن بحثه عديم الفائدة. و ظن أن الصبي ترك الغابة منذ فترة طويلة ووصل إلي في المدينة. عند وصوله إلى الطريق الواسع بالقرب من المدينة، وقف عند المدخل إلى حديقة جميلة كانت ملكا لكمالا. الماضي بعث أمام عينية. مرة أخرى رأى نفسه واقفا هناك ، سامانا الشباب الملتحي، عاريا، شعره مليئ بالغبار. سيدهارثا وقف هناك وقتاً طويلاً، ونظر من خلال بوابة مفتوحة في الحديقة. شاهد الرهبان تحت الأشجار الجميلة. وقف هناك لفترة طويلة، التفكير، ومشاهدة الصور، ورؤية قصة حياته كشريط يعكس كل أيامه الدنيوية

مع كاماسوامي وكمالا والخدم وفي الحفلات. أنه عاش كل ذلك مرة أخرى، تنفس سنسارا، والتعب، مرة أخرى شعر بالغثيان والرغبة في الموت، مرة أخرى سمع أُمْ المقدسة. بعد أن كان واقفاً لفترة طويلة عند البوابة إلى الحديقة، أدرك سيدهارثا أن الرغبة التي دفعت به إلى هذا المكان حمقاء، أنه لا يمكن أن يساعد ابنه، أنه لا يجب فرض نفسه عليه. شعر بحب عميق للفتى الهارب، مثل جرح أصيب به، ومع ذلك رأي في الوقت نفسه أن هذا الجرح لا يقصد أن يستفحل فيه، بل أنه يجب أن يلتئم. لأن الجرح لم يلتئم خلال تلك الساعة، كان حزينا. بدلاً من الهدف الذى جاء من اجل ابنه، لم يكن هناك سوى الفراغ. بحزن جلس. ورأى شيئا يموت في قلبه؛ لا مزيد من السعادة، ولا هدف. يجلس هناك باكتئاب وانتظر. تعلم ذلك من النهر: الانتظار، الصبر، الإستماع. جلس واستمع في الطريق المغبرة، استمع إلى قلبه الذي نبض بحزن وأسف وانتظر صوتا. جلس القرفصاء هناك واستمعت لساعات طويلة، لم يرى وغرق في الفراغ وترك نفسه تغرق دون رؤية طريقة تنغزه. وعندما شعر بالجرح يئن ، همس الكلمة أُمْ ، شغل نفسه مع أُمْ. رأوه الرهبان في الحديقة يجلس القرفصاء هناك لعدة ساعات وجمع الغبار في الشعر الرمادية، فجاء أحد الرهبان تجاهه ووضع موزتين أمامه. يد لمست كتفه أيقظته من حلمه. لمسة رقيقة، خجولة. نهض واستقبل فاسوديفا، الذي كان يتبعه. عندما شاهد وجه فاسوديفا، مشرق

العينين، بابتسامة، ابتسم أيضا. الآن شاهد الموز ملقاة بالقرب منه. اعطى واحدة للمراكبي وأكل الأخرى. ثم ذهب في صمت مع فاسوديفا من خلال الغابة إلى العبارة. و لم يتحدث عن ما حدث؛ ولا ذكر اسم الصبي، ولا تكلم عن رحلته. سيدهارثا ذهب إلى سريره في الكوخ، وعندما ذهب فاسوديفا له بعد فترة من الزمن ليقدم له بعض حليب جوز الهند، وجده نائماً.

أُمْ

الجرح لم يلتأم لفترة طويلة. سيدهارثا اخذ العديد من المسافرين عبر النهر بأبنائهم أو بناهم ... اصابه الحسد وفكر أن الكثير من الناس يملكون هذه السعادة العظيمة – لماذا احرم منها؟ حتى الأشرار من الناس واللصوص لهم أطفال يحبوهم إلا أنا. أصبح يتصرف مثل الناس العاديين. واعتبر الناس الآن في ضوء مختلف من قبل: ليس ذكي جداً وليس فخور جداً ولذلك يزيد دِفأ وتعاطفا. النوع المعتاد للمسافرين مثل رجال الأعمال والجنود والنساء، لم يبدو غرباء بالنسبة له كما فعلوا من قبل. لا يفهم أو يبادل الأفكار ووجهات النظر، ولكن يشاطرهم متطلبات الحياة والرغبات. رغم أنه قد وصلت إلى مرحلة عالية من الانضباط الذاتي، ويتحمل جروح الماضي جيدا، أنه يشعر الآن كما لو كان هؤلاء الناس العاديين إخوته. والرغبات والتفاهات لم تعد

تبدو سخيفة له؛ أنها أصبحت مفهومة ومحبوبة وحتى تستحق الاحترام. هناك الحب الأعمى من الأم لطفلها، والفخر الأحمق والأعمى من الأب الى ابنه الوحيد. كل هذه الأشياء لم تعد عديمة القيمة لسيدهارثا. شاهد الناس تكدح من اجل العيش والقيام بأشياء عظيمة مثل السفر وإجراء الحروب والتعاني. صار يحبهم لذلك. أنه شاهد الحياة وحيوية والبراهمان في جميع رغباتهم واحتياجاتهم. هؤلاء الناس جديرون بالحب والاعجاب في ولائهم الأعمى، وفي قوتهم الأعمى ومثابرتهم. مع استثناء شيء صغير واحد، أنهم يفتقدون شيء مما يمتلكه المفكر وهو ضمير وحدة الحياة كافة. وفي كثير من الأحيان شك سيدهارثا إذا ما كانت هذه المعرفة، وهذا الفكر، له قيمة عظمى ، وما إذا كانت ربما إطراء صبيانية من المفكرين، الذين يفكرون وربما فقط كأطفال. الرجال في العالم مساوية للمفكرين في جميع النواحي الأخرى، وغالباً ما تفوقو عليهم، تماما كما قد يبدو أن الحيوانات في حالات الضرورة غالباً ما تتفوق على البشر.

داخل سيدهارثا هناك نما ببطء ونضج معرفة ما هي الحكمة في الحقيقة وهدفه في السعي إلى فترة طويلة. لم يكن شيئا سوى إعداد الروح، وقدرة، وفن سري للتفكير والشعور وتنفس أفكار الوحدة في كل لحظة من الحياة. وهذا الفكر نضج فيه ببطء، وتجلى في وجه فاسوديفا: الوئام ومعارف الكمال الأبدي للعالم والوحدة. ولكن الجرح

ما زال يؤلم. سيدهارثا تَشَوَّقَ بمرارة لابنه، دع الألم ينخره ، خضع جميع حماقات الحب. اللهب لا يطفئ نفسه. في يوم عندما كان الجرح يؤلمه وفي شدته ، جذف عبر النهر اِسْتَهْلَكَه الشوق، وخرج من الزورق للذهاب إلى المدينة للبحث عن ابنه. النهر يتدفق بهدوء ولطف؛ كان في موسم الجفاف ولكن النهر رن بصوت غريب. كان يضحك، كان يضحك بطريقة مميزة! النهر كان يضحك بوضوح وبمرح على المراكبى العجوز. وقف سيدهارثا ومال نحو مياه النهر بغية الاستماع أفضل. شاهد وجهة منعكس في المياه المتحركة بهدوء، وكان هناك شيء في هذا الانعكاس ذكره بشيء قد نِساه وعندما فكر فيه تذكر. وجهة يشبه شخص آخر، كان يعرفه من زمن وأحبه وخشيه. أنه يشبه وجه والده، براهمين. تذكر كيف حينما كان شابا كيف أرغم والده بالسماح له بالذهاب والانضمام إلى سمانسا وكيف ودعه وكيف ذهب ولم يعد. ألم يعاني والده الألم نفسه الذى يعانيه هو الآن لإبنه؟ ألم يمت والده منذ فترة طويلة، وحده، دون أن يشهد ابنه مرة أخرى؟ أنه يتوقع نفس المصير؟ ألم تكن كوميديا، شيئا غريبا وغبي، هذا التكرار، وهذا المسار للأحداث في دائرة المشؤوم؟

سيدهارثا عاد إلى الكوخ، فكر في والده وفكر في ابنه، ضحك منه النهر، شارف على اليأس، ومال إلى الضحك بصوت عال على نفسه وعلى العالم بأسره. ماذال الجرح يؤلمه ويتمرد ضد مصيره. لا

صفاء ولا خلاص من معاناته. ومع ذلك كان متفائلا وعندما عاد إلى الكوخ كان مليئا برغبة لا تقهر على الاعتراف لفاسوديفا و بالكشف عن كل شيء للرجل الذي يعرف فن الاستماع.

جلس فاسوديفا في الكوخ ينسج سلة. أنه لم يعد يعمل في المعدية؛ عينية أصبحت ضعيفة، وأيضا ذراعيه ويديه، ولكن دون تغيير لوجهه المشرق. سيدهارثا جلس إلى جانب الرجل المسن، وبدأ يتكلم ببطء. قال له كيف أنه ذهب إلى المدينة متأثراً بجراحه و الحسد من الآباء السعدا و معرفته بجنون مثل هذه المشاعر، من نضاله الميئوس منه مع نفسه، ذكر له كل شيء، حتى الأشياء المؤلمة؛ وكيف ضحك منه النهر. واصل حديثة واستمع إليه فاسوديفا بوجه هادئ، وسيدهارثا أدرك تماما أكثر من أي وقت مضى اهتمام فاسوديفا. شعر سيدهارثا أكثر فأكثر أنه لم يعد فاسوديفا، لم يعد الرجل الذي كان يستمع إليه. شعر أن هذا المستمع بلا حراك استوعب اعترافاته كما تمتص الشجرة المطر، أن هذا الرجل بلا حراك كالنهر نفسه، أنه "الله نفسه"، والخلود نفسه حينما توقف سيدهارثا عن التفكير في نفسه وجرحه ، هذا الاعتراف بالتغيير في فاسوديفا ملكه وكلما ادرك ذلك وجد انها اقل غرابة وأكثر أدرك أن كل شيء طبيعي وأن فاسوديفا منذ زمن طويل كان مثل هذا تماما؛ والواقع أنه هو نفسه كان مثله. أنه يشعر أنه يعتبر الآن فاسوديفا كما ينظر الناس إلى الآلهة. عندما أنهى حديثه، فاسوديفا

نظر اليه نظرة ضعيفة و لم يتكلم، ولكن وجهة يشع بالحب والصفاء، والفهم والمعرفة. واخذ يد سيدهارثا، وقاده الى مقعد على ضفة النهر، وجلس إلى جانبه وابتسم الى النهر. وقال 'سمعت أنه يضحك'، ' ولكن أنت لم تسمع كل شيء. فلنستمع وسوف تسمع المزيد. " استمعا. سيدهارثا تتطلع إلى النهر، وشهد العديد من الصور في المياه المتدفقة. أنه شاهد والده وحيدا حاداً على ابنه؛ أنه يرى نفسه وحيدا، أيضا مع أواصر الشوق لابنه البعيد؛ أنه شاهد ابنه، وحيدا أيضا، والصبي بشغف يمضي قدما على الطريق المحرق في الحياة، كل واحد ركز على هدفه، كل واحد مهووس بهدفه، كل واحد يعاني. صوت النهر كان حزينا. أنها غنت مع الحنين والحزن، تتدفق نحو هدفها.

'أتسمع؟' سأل فاسوديفا. سيدهارثا طاطاء رأسه. "إستمع أفضل! " همس فاسوديفا. وحاول سيدهارثا للاستماع أفضل. صورة لوالده والصورة وصورته وصورة إبنه جميعها تتدفق بعضها البعض. صورة كمالا ظهرت وكذلك صور جوفيندا وآخرون ظهرت ومرت. أنهم جميعا أصبحوا جزءا من النهر. يتدفق النهر نحو هدفه. سيدهارثا شهد النهر يسارع، والذى يتألف من نفسه وأقاربه وجميع الناس الذين شاهدهم أي وقت مضى. الماء يتغير إلى البخار ارتفع وأصبح مطراً ونزل مرة أخرى، أصبح الربيع وجداول ونهر، تغيرت مجددا، تتدفق مجددا. ولكن غيرت صوت الحنين. لا يزال صدى الحزن، ولكن

179

أصوات اخرى أصوات السرور والحزن، أصوات الخير والشر، الضحك والتباكي أصوات، مئات أصوات، آلاف أصوات. استمع سيدهارثا. الآن يستمع باهتمام، يستوعب تماما وفارغ تماما، ياخذ كل شيء. شعر أنه الآن تعلم تماما فن الاستماع. أنه كثيرا ما يسمع كل هذا من قبل جميع هذه الأصوات العديدة في النهر، ولكن اليوم بدت مختلفة. أنه لم يعد يمكن التمييز بين الأصوات المختلفة – صوت مرح من صوت باكى صوت طفل من صوت رجل. عندما استمع سيدهارثا باهتمام لهذا النهر، إلى هذه الأغنية من ألاف الأصوات ؛ عندما لم يستمع إلى الحزن أو الضحك، عندما لم يربط روحه إلى أي صوت معين واحد ، بل استمع إلى كل منهم، والوحدة كلها ؛ ثم أغنية عظيمة لألاف الأصوات تتألف من كلمة واحدة: أُوم – الكمال. 'أتسمع؟' سأل فاسوديفا مرة أخرى. الابتسامة على فاسوديفا كان إشعاعاً؛ تأرجحت زاهية في جميع التجاعيد من الوجه العجوز، كما أُوم حلقت فوق جميع أصوات النهر. والآن ظهرت نفس الابتسامة على وجه سيدهارثا. شفي الجرح، وألمه قد تفرق وذاته دمجت في الوحدة. من تلك الساعة توقف سيدهارثا عن القتال ضد مصيره. هناك أشرق في وجهة صفاء المعرفة، لم يعد يواجه صراع الرغبات، وجد الخلاص، اصبح في وئام مع مجرى الأحداث، مع تيار الحياة، مليئ بالتعاطف والرحمة، واستسلامه إلى الذين ينتمون إلى وحدة جميع الأشياء.

عندما نهض فاسوديفا من المقعد على ضفة النهر، وعندما تطلع إلى عيون سيدهارثا ورأى صفاء المعرفة مشرقة فيهما، قد لمس كتفه بلطف بطريقته الواقية الرقيقة، وقال: ' لقد انتظرت لهذه الساعة، صديقي. الآن وقد وصلت، اسمح لي أن انتقل. لقد كنت فاسوديفا، المراكبى لفترة طويلة. الآن يتم إكمالها. الوداع للكوخ الوداع للنهر الوداع سيدهارثا. ' سيدهارثا ركع للرجل المغادر. 'كنت أعلم ' قال بهدوء. 'أنت ذاهب إلى الغابات؟' 'نعم، أنا ذاهب إلى الغابات: أنا ذاهب إلى وحدة جميع الأشياء،' أجابه فاسوديفا. وهكذا ذهب بعيداً. وشاهده سيدهارثا. بفرح عظيم ونظر لخطواته الملئة بالسلام، ووجهة المتوهج و شكله ملئ بالضوء.

غوفيندا

غوفيندا أمضى فترة الراحة مع بعض رهبان آخرين في بستان السرور الذي أهدته كمالا إلى اتباع غوتاما[6]. قد سمع الحديث عن مراكبى كبير السن يعيش على نهر، وكثيرون يعتبرونه أسطورة. ذهب غوفيندا إلى العبارة، تواق لرؤية هذا المراكبي . وصل إلى النهر، وطلب من الرجل المسن أن يأخذه عبر النهر. عندما قفز من القارب على الجانب الآخر، وقال للرجل ' أظهرت الكثير من العطف للرهبان والحجاج, اخذت العديد منا عبر النهر. ألست انت أيضا باحث عن

181

الطريق الصحيح؟ ' ابتسم سيدهارثا و قال: 'هل تسمي نفسك الباحث عن الطريق الصحيح و أنت تقدمت في السن وترتدي رداء الرهبان ؟' قال غوفيندا 'أنا كبير في السن فعلا ولكن ابداً لم أتوقف عن السعي. وسوف لا أتوقف عن السعي. يبدو أن هذا مصيري. يبدو لي أنك أيضا تبحث. هل ممكن أن تتحدث لي قليلاً عن ذلك، صديقي؟ ' سيدهارثا قال: 'ماذا يمكن أن أقول لك لكي يكون ذا قيمة، عدا ربما أنك تسعى كثيرا، ونتيجة لسعيك لا يمكنك أن تجد.' 'كيف؟' سأل غوفيندا. وقال سيدهارثا 'عندما يسعى شخص، يحدث بسهولة تامة أن يرى فقط الشيء الذي يسعى إليه؛ أنه غير قادر على العثور على أي شيء، غير قادر على استيعاب أي شيء. لأنه فقط يفكر في الشيء الذي يسعى إليه، لأن لديه هدف، لأنه هاجس مع هدفه. البحث يعني: أن يكون له هدف؛ ولكن إيجاد الوسائل: أن يكون حراً، أنك بالتأكيد تبحث في السعي إلى تحقيق الهدف لا تشاهد العديد من الأشياء التي تحت انفك. " وقال غوفيندا 'أنا لم أفهم تماما،ماذا تعني؟ ' سيدهارثا قال: ' منذ عدة سنوات، أتيت إلى هذا النهر ووجدت رجلاً نائماً هناك. جلست إلى جانبه لحراسته بينما كان ينام، ولكنك لم تعرفه، غوفيندا. ' دهش غوفيندا وسأل بصوت خجول 'أنت سيدهارثا؟'. ' أنا لم أعرفك هذه المرة أيضا. ويسرني جداً أن أراك مرة أخرى، سيدهارثا، غاية السرور. لقد تغيرت كثيرا صديقي. وقد أصبحت مراكبي الآن؟ 'ضحك

سيدهارثا بحرارة. ' نعم، لقد أصبحت مراكبي. كثير من الناس يتغيرون. أنا واحد من أولئك، صديقي. أنت طيب جداً، غوفيندا، وأنا أدعوكم إلى البقاء الليلة في كوخي. ' غوفيندا بقي الليلة في الكوخ، ونام في سرير فاسوديفا. وتبادل الصديقان الحديث عن حياتهما وعندما حان الوقت لغادر غوفيندا في الصباح و قال مع بعض التردد: ' قبل أن اذهب في طريقي، سيدهارثا، أود أن أسألك سؤالاً آخر. هل عقيدة أو معتقد أو المعرفة يمكنك التمسك بها مما يساعدك على العيش، والقيام بالشئ الصحيح؟ 'سيدهارثا قال: ' أنت تعرف، يا صديقي، حتى حينما كنت رجلا شابا، عندما كنا نعيش مع بعض في الغابة، وصلت لعدم الثقة في المذاهب والمدرسين وحولت ظهري عليها. أنا ما زلت كذلك على الرغم من أنني كان لي الكثير من المعلمين. وكان مومس جميلة معلمتي لوقت طويل و تاجر غني ولاعب النرد. وفي إحدى المناسبات، أحد الرهبان الهائم من أنصار بوذا كان معلمي. أنه توقف إلى الجلوس إلى جانبي عندما سقطت نائماً في الغابة. كما تعلمت شيئا منه، وأنا ممتن له، ممتن جداً. ولكن الأهم من كل شيء، تعلمت من هذا النهر ومن سلفي فاسوديفا. أنه كان رجلاً بسيطاً؛ أنه لم يكن مفكرا بل أنه أدرك الأساس، إضافة الي قوتاما. أنه كان رجلاً قديس. 'قال له غوفيندا "يبدو لي، سيدهارثا، ما زالت تريد قليلاً من باب الدعابة. اصدقك واعرف أنك لم تتبع أي مدرس، ولكن ألم يكن لك إذا لم تكن عقيدة، بعض

الأفكار؟ ألم تكتشف معرفة تساعدك أن تعيش؟ أكون مسرورا إذا تقول لي شيئا عن هذا. " سيدهارثا قال: ' نعم، لقد كانت لدي أفكار ومعرفة هنا وهناك. في بعض الأحيان، لمدة ساعة أو لمدة يوم واحد، لقد أصبحت أعلم المعرفة، فقط كما يشعر الواحد بالحياة في القلب. لقد كان لدي العديد من الأفكار، ولكن سيكون من الصعب بالنسبة لي أن أقولها لك. ولكن هذا هو واحد أعتقد أنه قد أثر بي، غوفيندا. الحكمة غير قابلة للنقل. الحكمة التي يحاول الحكيم نقلها دائماً تبدو سخيفة.' وقال غوفيندا 'أهذه دعابة؟'. ' لا، أنا أقول لك ما اكتشفت. يمكن أن تنقل المعرفة، لكن ليس الحكمة. ويمكن للمرء أن يجدها ويكون محصنا بها ويعمل العجائب بها ولكن لا يمكن نقلها وتعليمها. كنت أظن ذلك عندما كنت شابا وكان هذا سبب عزوفي عن المدرسين. هناك فكر واحد تملكني , غوفيندا والذى سوف تظن مرة أخرى من باب الدعابة أو حماقة: وهو في كل حقيقة العكس بالتساوى حقيقة أيضاً. على سبيل المثال الحقيقة يمكن فقط أن أعبر عنها واغلفها بالكلمات إذا كان احادية الجانب. كل ما هو فكر ومعبر بالكلمات أحادي الجانب فقط سوى نصف الحقيقة؛ كل شيء يفتقر إلى المجمل، والكمال، والوحدة. عندما درس "بوذا اللامع" عن العالم، كان عليه تقسيمه إلى سنسارا والسعادة القصوى، في الوهم والحقيقة، إلى معاناة وخلاص. لا يمكن لأحد أن يفعل خلاف ذلك، ليست هناك وسيلة أخرى لأولئك الذين

يقومون بالتدريس. ولكن العالم ذاته، فينا ومن حولنا، ليس ابدأ أحادي الجانب. لا يكون الرجل أو الفعل كلياً *سنسارا* أو كلياً سعادة قصوى , لا يكون الرجل كلياً قديس أو أثم. ويبدو هذا فقط لأننا نعاني من الوهم أن الوقت شيئا حقيقيا. ليس الوقت حقيقي، غوفيندا. وقد أدركت ذلك مرارا وتكرارا. وإذا كان الوقت ليس حقيقي، فالخط الفاصل الذي يكمن بين هذا العالم والخلود، بين المعاناة والنعيم، بين الخير والشر، يبدو أيضا وهم. '

بحيرة غوفيندا يسأل، 'كيف يتم ذلك'؟. ' إصغاء، صديقي! أنا أثم وأنت أثم ولكن في يوم ما الأثم سيكون *براهما* مرة أخرى، يوما ما يحقق السعادة القصوى، سيصبح يوما ما بوذا. والآن هذا "يوما ما " من الوهم, وهو   فقط مقارنة. الآثم ليس شبيهة ببوذا؛ وأنه لا يتطور، رغم أن تفكيرنا لا يمكن تصور الأمور خلاف ذلك. لا، بوذا المحتمل موجود بالفعل في الآثم ؛ مستقبله هو هناك. ويجب التسليم بوذا المخفي المحتمل في الجميع. العالم، غوفيندا، ليس منقوصا أو ذو عيب أو يتتطور ببطء على طول طريق طويل إلى الكمال. لا،هو الكمال في كل لحظة؛ كل خطيئة تحمل نعمة داخلها، وجميع الأطفال فيهم الرجل البالغ من العمر ، كل طفل رضيع يحمل الموت بداخله وكل الموتى — الحياة الأبدية. ليس من الممكن لشخص واحد معرفة مدى آخر الطريق؛ بوذا موجود في السارق ولاعب النرد؛ السارق موجوداً في *براهمين*. خلال التأمل

العميق من الممكن أن يبدد الوقت، أن نرى في نفس الوقت كل الماضي والحاضر والمستقبل، وثم كل شيء جيد، كل شيء مثالي، كل شيء براهمي. ولذلك، يبدو لي أن كل شيء موجود جيد – الخطيئة الموت، فضلا عن الحياة، فضلا عن القداسة والحكمة، فضلا عن الحماقة. كل ما ضروري، كل شيء يحتاج فقط لموافقتي، فهمي المحبة؛ ثم لا يضرنى شيء . لقد تعلمت من خلال جسدى وروحى أنه من الضروري أن ارتكب الخطيئة، و الشهوة، وعلي السعي للممتلكات والخبرات والغثيان وأعماق إلياس بغية تعلم مقاومتهم ، لكي نتعلم أن نحب العالم، ولم نعد مقارنته مع نوع ما من العالم التخيلي المرجو، بعض رؤية تخيلية للكمال، بل اتركه كما هو، احبه وأكون سعيدا للانتماء إليه. هذه غوفيندا، هي بعض الأفكار التي في مخيلتى. " سيدهارثا انحنى ورفع حجر من الأرض، وامسك بهه في يده. وقال "هذا حجر، وضمن مدة معينة من الزمن سيكون ربما التربة، وسوف يصبح تربة ومن التربة النبات أو الحيوان أو رجل. سابقا ربما قلت: هذا الحجر حجر فقط؛ لا قيمة له، فإنه ينتمي إلى عالم المايا، ولكن ربما لأن إطار دورة التغيير يمكن أن يصبح أيضا رجل وروح، كما أنه ذات أهمية. وهذا هو ما كان ينبغي أن يكون تفكيرى. ولكن الآن أعتقد: هذا الحجر حجر؛ كما أنه الحيوان والله وبوذا. لا احترمه وأحبه لأنه كان شيء واحد وسوف يصبح شيئا آخر، ولكن لأنه منذ زمن طويل فعلا كل شيء ودائما هو

كل شيء. أحبه فقط لأنه حجر، لأنه اليوم والآن يبدو لي حجر. أرى قيمة ومعنى في كل واحدة من علاماته وتجاويفه، باللون الأصفر، في الرمادي، في الصلابة والصوت، في جفاف أو الرطوبة من سطحه. هناك الحجارة التي مثل النفط أو الصابون، التي تبدو كأوراق الشجر أو الرمال، ويختلف كل واحد ويعبد أوم بطريقته الخاصة؛ كل واحد هو البراهمي. في الوقت نفسه هو حجر, زيتي أو زالق، وهذا هو فقط ما يحلو لي، ويبدو رائع وجدير بالعبادة. ولكن لا أقول أكثر عن ذلك. الكلمات لا تعبر عن الأفكار جيدا جداً. دائماً تصبح مختلفةً بعض الشيء على الفور حينما تقال, مشوهة قليلاً، وقليلاً من الحماقة. وبعد فإنها تحلو لي وتبدو صحيحة أن ما هو قيم وذات حكمة لرجل يبدو الهراء إلى آخر. " استمع غوفيندا في صمت وسأله 'لماذا تخبرني عن الحجر'.' فعلت ذلك عن غير قصد. ولكن ربما أنه يوضح إننى أحب الحجر والنهر وجميع هذه الأمور التى نراها، ونتعلم منها. يمكن أن أحب حجر أو غوفيندا، وشجرة أو قطعة من اللحاء. هذه هي الأمور والواحد يمكن أن يحب الأشياء. ولكن لا أحد يحب الكلمات. ولذلك التعاليم عديمة الفائدة لي ؛ ليس لديها صلابة، ولا نعومة ولا طعم ولا لون ولا زوايا، ولا رائحة – وليس لديها شيئا سوى الكلمات. وربما هذا ما يمنعك من العثور على السلام، ربما هناك كلمات كثيرة جداً، حتى

الخلاص والفضيلة، سنسارا والسعادة القصوى كلمات فقط، غوفيندا. السكينة لا شيء هناك فقط كلمة السكينة. '

غوفيندا قال: السكينة ليس فقط كلمة، صديقي؛ هي فكر.

تابع سيدهارتا: "قد يكون فكر، ولكن يجب أن اعترف، صديقي، أنا لا اميز كثيرا بين الأفكار والكلمات. وبصراحة، لا أعلق أهمية كبيرة للأفكار. أعلق أهمية أكبر على الأشياء. على سبيل المثال، كان هناك رجل في هذه العبارة الذي كان سلفي ومعلمي. أنه كان رجلاً تقي اعتقد فقط في النهر ولا شيء آخر لسنوات عديدة. ولاحظ أن صوت النهر تحدث له. تعلم منه. النهر على ما يبدو مثل الله له ومنذ سنوات عديدة لم يكن يعلم أن كل الرياح، كل سحابة، كل الطيور، كل خنفساء هي بنفس القدر الإلهي وتعلم مثل النهر المحترم. ولكن عندما ذهب هذا الرجل المقدس إلى الغابات، كان يعرف كل شيء؛ أنه يعرف أكثر من أنت وأنا، بدون مدرسين، دون كتب، لمجرد أنه يعتقد في النهر." غوفيندا قال: ' ولكن ما تسميه شيء، هل هو شيء حقيقي، وهو أمر جوهري؟ ليس سوى وهم المايا، فقط الصورة والمظهر ؟ حجرك ، شجرتك هل هما حقيقية؟ '

وقال سيدهارتا 'وهذا لا يصعب علي كثيرا،'. ' إذا هي الوهم، ثم أنا أيضا الوهم، وهكذا هم دائماً من نفس طبيعة نفسي. الذي يجعل منهم حتى محبوب وجليل. ولهذا السبب يمكن أن أحبهم. وهنا عقيدة سوف

تضحك منها. يبدو لي، غوفيندا، أن الحب هو الشيء الأكثر أهمية في العالم. قد يكون مهم للمفكرين لتفحص العالم، لشرحه واحتقاره. ولكن أعتقد أن من المهم حب العالم، لا احتقاره ، ليس بالنسبة لنا كراهية بعضنا البعض، ولكن لنكون قادرين على مراعاة العالم وأنفسنا وجميع الكائنات بالحب والاعجاب والاحترام." 'أفهم ذلك،' قال غوفيندا، ' ولكن هذا ما سماه بودا الوهم. بشر الإحسان، الصبر، والتعاطف، والصبر — لكن لا الحب. أنه يحظر علينا إلزام أنفسنا بالحب الدنيوي. ' 'أعرف،' قال سيدهارثا، مبتسما، ' أنا أعرف ذلك، غوفيندا. وهنا نجد أنفسنا داخل متاهة المعاني، ضمن صراع الكلمات، لسوف لا أنفي أن كلماتي عن الحب في تناقض واضح لتعاليم بوذا. وهذا فقط لماذا أنا لا اثق بالكلمات لأنى أعلم أن هذا التناقض وهم. وأنا أعلم أن بوذا حب الإنسانية كثيرا حتى أنه كرس حياة طويلة فقط لمساعدة وتعليم الناس. أعماله والحياة أكثر أهمية بالنسبة لي من آرائه. وليس في الكلام أو الفكرة اعتبره كرجل عظيم، ولكن في أعماله وحياته.' استعد غوفيندا للرحيل وقال: ' شكرا لك، سيدهارثا لإخبارى شيئا من أفكارك. بعضها أفكار غريبة. لم استوعبها علي الفور شكرا لك وأتمنى لك أياما سلمية.

إعتقد غوفيندا أن سيدهارثا رجل غريب ويعرب عن أفكار غريبة. يبدو أن أفكاره مجنونة. أفكار بوذا واضحة، مباشرة، مفهومة؛ أنها لا تحتوي

على شيء غريب أو مثيرة للضحك. ولكن سيدهارثا يديه وقدميه عيونه، ابتسامتة، تؤثر بشكل مختلف من أفكاره. منذ بوذا انتقل الي السكينة، لم اقابل رجل في أي وقت مضى مع استثناء سيدهارثا. رجل مقدس! قد تكون أفكاره غريبة، وكلماته حمقا، بل له نظرة ويده وجلده تشع النقاء والسلام والصفاء، والدماثة و التي لم آرها في أي رجل منذ موت المعلم الشهير .

وبينما كان يفكر غوفيندا ويقلب هذه الأفكار والصراع في قلبه، مرة أخرى ركع لسيدهارثا مليا بالعاطفة تجاهه. وأضاف وقال ' نحن الآن كبار السن وقد لا نرى بعضنا البعض مرة أخرى في هذه الحياة. أستطيع أن أرى، صديقي العزيز، قد وجدت السلام. وأنا أدرك أنني لم اجده. قل لي كلمة واحدة صديقي المحترم شيء يمكنني أن افهمه. أعطني شيء لمساعدتي في طريقي، سيدهارثا. مساری غالباً صعب ومظلم. ' وكان سيدهارثا صامتا ويتطلع إليه مع ابتسامة هادئة وسلمية. يتطلع غوفيندا مطردا في وجهة، مع القلق، مع الشوق. كتب المعاناة والسعي المستمر والفشل المستمر في نظرة. 'إقرب مني!' وهمس في أذنه . ' قبلني على جبهتي، غوفيندا. ' بالرغم من أنه تفاجأ، اضطر غوفيندا بحب كبير أطاعته؛ ولمس جبهته بشفتيه. حينما فعل ذلك، حدث شيء رائع له. وفي حين لا يزال الإسهاب في كلمات سيدهارثا الغريبة، في حين سعى جاهدا دون جدوى لتبديد التصور للوقت، أن يتصور

السكينة وسنسارا كأحد، بينما ازدراء حتى بعض كلمات صديقه تتعارض مع كثير من الحب والتقدير حدث له هذا: أنه لم يعد يرى وجه صديقة سيدهارثا. بدلاً من ذلك أنه رأى وجوه أخرى، دفع مستمر من وجوه وجوه كثيرة، سلسلة طويلة – مئات، الآلاف، أتت واختفت ورغم ذلك تكون هناك في الوقت نفسه، تغيير وتجدد نفسها والتي كانت كلها سيدهارثا. أنه شاهد وجه سمكة تحتضر بعيون خافتة. أنه شاهد وجه طفل مولود حديثا مُحمرٌ وملئ بالتجاعيد ، جاهز للبكاء. شاهد وجه القاتل، رأوه يزج بسكين في جسم رجل؛ في نفس اللحظة أنه شاهد هذا المجرم يركع إلى أسفل، وقطع رأسه الجلاد. شاهد جثث عارية من الرجال والنساء في حب عاطفي. شاهد الجثث ملقاة، لا تزال باردة ومفرغة. ورأى رؤس الحيوانات، الطيور الخنازير البرية، التماسيح الأفيال، والثيران. رأى *كريشنا* و*أجنى*. شاهد جميع أشكال ووجوه في ألاف العلاقات إلى بعضها البعض، جميعها تساعد بعضها البعض، حب وكراهية وتدمير بعضها البعض، وتصبح مولودة حديثا. كل واحد كان قاتلاً، مثال عاطفي، ومؤلم للجميع. ولكن لا يوفي منهم أحدا، فقط يتبدلوا، كانت دائماً تولد من جديد، وبوجه جديد باستمرار. وجميع هذه الأشكال والوجوه تسبح في الماضي وتندمج في بعضها البعض، وفوقها جميعا كان هناك باستمرار شيء رقيق، وغير

واقعي وباستمرار هناك شئ غير حقيقي رغم ذلك موجود إمتد مثل الزجاج أو الجليد، مثل جلد شفاف، ونموذج أو قناع للمياه — وهذا القناع هو الوجه الباسم لسيدهارثا الذي لمسه غوفيندا بشفتيه في تلك اللحظة. وشهد غوفيندا أن هذا القناع-مثل ابتسامة، يشكل ابتسامة هذه الوحدة تتدفق، هذه الابتسامة ومتزامنة على مدى آلاف المواليد والوفيات — هذه ابتسامة سيدهارثا —وقد علم غوفيندا أن بوذا ابتسم. لم يعد يعرف ما إذا كان هناك وقت، عما إذا كان هذا الكشف قد دام ثانية أو مئات من السنين. ما إذا كان هناك سيدهارثا، أو بوذا. ركع غوفيندا وعجز عن السيطرة علي دموعه. غرق في شعور بحب كبير، أمام الرجل الذي يجلس هناك بلا حراك، و ابتسامتة تذكره بكل شيء حباه في حياته.

مسرد المصطلحات

آجني:(Agni) واحد من أهم الآلهة Vedic وله ثلاثة أشكال: الحرائق والبرق والشمس.

اتمان(Atman): مصطلح فلسفي داخل الهندوسية وفيدانتا للتعرف على الروح. وهو الذاتي الحقيقي المرء في ما بعد تحديد مع واقع ظاهرة وجود الدنيوية.

البراهمي(Brahman): مفهوم الهندوسية. البراهمي هو حقيقة ثابتة، لا نهائية، هي قاعدة مقدسة لجميع المادة والطاقة والوقت والفضاء، وتتجاوز كل شيء في هذا الكون.

براهمين(Barahmin): هي الأولى من أربع طبقات الهندوس — طبقة الكهنة، لأولئك الذين يعرفون ويكررون Vedas. تم إنشاؤها البراهمة من فم براهما من اجل أن يوعز الجنس البشري. ولهذا السبب في أنها تعتبر من أعلى الطبقات الأربعة، كما كانوا الأكثر علاقة بالذكاء. إذ من المسلم به أن المعرفة هي الشيء الوحيد الذي يبقى مع شخص طوال الحياة، البراهمة.

بوذا: Gotama، المعروف أيضا أكياموني أو شاكياموني ('سيج شاكياس')، كان معلم روحي من الهند القديمة ومؤسس البوذية. وقت الولادة والوفاة غير مؤكدة: معظم المؤرخين من القرن العشرين يؤرخون حياته من حوالي 563 قبل الميلاد إلى 483 قبل الميلاد.

غوفيند()Govinda) : هو اسم آخر لكريشنا. Go يشير إلى الأبقار أو الأرض أو الحواس لإحدى. 'فيندا' vinda يعني 'حامي'. عندما تقترن الكلمتين، غوفيندا' يعني كريشنا، الذي هو حامي الأبقار، الأرض، و/أو الحواس.

كمالا(Kamala): هو اسم هندي عام، ويعني 'لوتس'. وهي أيضا اسم آخر للآلهة لاكشمي آلهة الثروة.

كاماسوامي(Kamaswami): اسم يعني المالك.

كريشنا Krishna: إله يعبد عبر العديد من التقاليد الهندوسية، وعادة ما يصور كصبي يلعب الفلوت أو أمير شاب.

193

لاكشمي Lakshmi: هو آلهة هندوسية للثروة والحب والجمال، وزهرة اللوتس والخصوبة. ويعتقد أنها عموما من تجسيدا لثروة مادية والجمال والرفاهية. وهي زوجة فيشنو Vishnu .

ماجدة Magadha: شكلت واحدة من المناطق الستة عشر في الهند القديمة.

مارا Mara: المدمرة، الشر والعدو الكبير لبوذا ودينه.

مايا Maya: هو ألوهية الرئيسي الذي ينشئ ويطيل أمد ويحكم على شفير والوهم والحلم الازدواجية في الكون الهائل.

السكينة Nirvana: هي كلمة السنسكريتية التي تعني حرفيا (كعندما توقف عن لهب شمعة تومض) و/أو 'إطفاء' (أي من المشاعر). ومفهوم فلسفي، المستخدمة من قبل البوذيين لوصف التنوير والتحرير.

أوم Om: هو الرمز الرئيسي للهندوسية. معظم الديانات تشير إلى أنه قد بدأ الخلق مع الصوت – 'في البدء كانت الكلمة' – البوذيين والهندوس، أوم هو الصوت الأساسي، والتنفس الأول للخلق، الاهتزاز الذي يضمن الوجود. وتعني أوم الله وخلق وحدانية كل الخلق.

براجاباتي Prajapati: إله هندوسي مسؤل من الإنجاب، والحامي للحياة.

ريجفيدا Rig-Veda: هي مجموعة مقدسة هندية قديمة أوففيديك الترانيم السنسكريتية مخصص للآلهة (ديفاس). تحسب بين أربعة نصوص مقدسة الكنسي الهندوسية المعروفة باسم Vedas ، وهو التبجيل. هي تلاوة الآيات في الصلاة، واستخدام وظائف دينية وغير ذلك من المناسبات السعيدة.

سنسارا Sansara: عالم المظاهر والتمويه التي لا نهاية لها، بما في ذلك جميع الجوانب من أن تصبح والوفاة؛ دورات للولادة والبعث.

سامانا Samana: حرفيا، شخص الذي تخلى عن التزامات الحياة الاجتماعية التقليدية لإيجاد طريقة للحياة أكثر مع طرق الطبيعة.

سامافيدا Samaveda: هو الثالث في ترتيب المعتادة بتعداد Vedas أربعة، الكتاب المقدس الهندوسية القديم.

ساتيام Satyam: السنسكريتية 'الحقيقية، حقيقية، نقية'، التي تلتزم، ويوجد خارج "مايا"، وهم.

سافاثي Savathi: المدينة التي أقامت فيها دير جيتافانا بوذا. سيدهارثا هنا مع غوفيندا بعد ترك ساماناس لسماع تعاليم بوذا.

شاكيامويي أو أكياموني Shakyamuni: سيج ساكياس، ويعني أيضا المعروفة باسم بوذا Gotama.

سيدهارثا Siddhartha: يعني الاسم 'الوفاء برغبة'.

ثماني الدرب: ويصف الطريق إلى نهاية المعاناة، كما كان وضعها Gotama وسيدهارثا. ومن مبادئ توجيهية عملية للتنمية الأخلاقية والنفسية مع الهدف المتمثل في تحرير الفرد من المرفقات والأوهام؛ وأخيراً فإنه يؤدي إلى فهم أبو الحقيقة

الاوبانيشاد Upanishads تعتبر كجزء من Vedas كهذه تشكل جزءا من الكتاب المقدس الهندوسي. أنها أساسا مناقشة الفلسفة والتأمل وطبيعة الله؛ وهي تشكل الفكر الأساسية الروحية الهندوسية فيدانتيك. تعتبر التأملات الروحية أو الصوفي Vedas ونهاية المفترضة والجوهر، معروفة في الاوبانيشاد ك Vedänta ('نهاية/ذروة Vedas').

فاسوديفا Vasudeva : أب كريشنا

محمد محمود يوسف

فيدا: *Vedas* مجموعة كبيرة من النصوص التي تنشأ في "الهند القديمة" . أنها تشكل طبقة أقدم من السنسكريتية الأدب والنصوص المقدسة أقدم الهندوسية . فيشنو *Vishnu* : يعرف أيضا باسم نارايان، هو العليا (أي الله) أو واقع النهائي بالنسبة فيشنافاس ومظهرا من مظاهر البراهمي في التقاليد الهندوسية .

الفصل 8

قصائد

قد إخترنا بعض قصائد كاتبنا تحت فكرة الحنين للوطن أوماحول ذلك. كثيرا من رواياته تحتوى علي مقاطع من الشِعْر. ولا شك أن القصيدة ربما تكون لها وقع وعمق الرواية الجيدة.

مراحل
(1)

كل إزهار يذبل وكل شباب
العمر مختلف، يُزْهر في كل مرحلة من مراحل الحياة
يُزْهر بحكمه وكل فضيلة
في وقته ولا يدوم إلى الأبد.
لا بد من نداء الحياة ,
والإستعداد للمغادرة
والبدايات الجديدة.

بشجاعة ودون حزن
وإعطاء آلاخرين روابط جديدة.
السحر يقطن في البداية،
يحمينا ويساعدنا على العيش.

وسوف نقوم بالمرور بوضوح عبر غرفة الي غرفة,
ليس هناك مكان للتعلق به كمنزل,
الروح الكونية تسعى لاتقيدنا, وتضيق,
وتريد منا خطوة خطوة نرتفع, لنطاق أوسع.
يحمينا ويساعدنا على العيش .

بمجرد أن نشعر مقبوضون في دائرة الحياة
سكن مريح ودافئ، متضائل ومهدد
فقط الشخص الذي يرغب في الخروج والسفر.

عادة متعثرة تشل النشوة نفسها.
ربما تكون ايضا ساعة الموت
ترسل لنا غرف جديدة لمواجهة الشباب،
دعوة الحياة لنا لن تنتهي ابدأ...
أتي، القلب، غادر معافى!

بدونك

(2)

و سادتى تحدق علي في الليل
خالية كحجر ؛
هذه المرارة لم أتخيل
و وحيدا أظل
ولا أستلقي نائما علي شعرك!

وحيدا أستلقي في بيت هادئ،
مصباح معلق شارف علي الإنطفاء؛
وبلطف أمد يداي،
لتلتقيا بيداك؛
وبلطف أضغط فمي الدافي
نحوك, وأقبل ذاتي, منهك و ضعيف-
وفجأة استيقظت
وحولي ليلة باردة، صامتة.
ضياء النجمة في النافذة تألق بوضوح-
أين شعرك الأشقر,
أين فمك العذب؟

الآن أشرب العذاب في كل متعة

والسموم في كل النبيذ ؛
ابدأ لم أعرف هذه المرارة من قبل،
أن أكون وحيدا,
وحيدا بدونك.

هذه الايام
(3)

كيف هي الأيام ثقيلة
لا توجد نار لدفئ
ولا شمس لتضحك معي
كل شيء خاوى
كل شيء بارد دون رحمة
وأيضا الحبايب إنصرفوا
النجوم تنظر لي ببؤس
منذ أن تعلمت في قلبي ذلك,
الحب ممكن أن يموت.

مصير
(4)

في كدر وحماقه
نعمل مثل الأطفال معزولين,
وإننا نتجنب ذلك,

محاط بالعار الغبي.

ذهبت السنون ....
في عذاب الانتظار.
إلي حديقة شبابنا
لا طريق يمر.

وداعا للغابة
(5)

علي حقيبتي ، اجلس على الشاطئ،
أسفل على السفينة، هنود
وصينيون ومليذيون يصرخون،
يضحكون بصخب ويقايضون.

الليالي والأيام ورائي محمومة
الحياة التي أحملها الآن متوهجة
بكل عناية ككنزن في أفكاري العميقة،
وكأني ماذلت أبل قدمي في تيار الغابة.

أعرف الكثير من البلدان والمدن ما زال في الانتظار،
ولكن مرة أخرى لا ليلة الغابة

ولا الحدائق البرية ،

لن تغريني ،وترعبني بروعتها .

هنا في هذه البراري المنيرة الا نهائية

أكثر من أي وقت مضى انفصلت عن عالم الرجال—

و لم أرى أبدا من قبل بقرب و وضوح

إنعكاس روحي في المرآة .

كل الموت

(6)

قد مُت كلَّ الموت،

وسوف اموت كل الموت مرة اخري،

موت الخشب في الشجرة،

موت الحجر في الجبل،

موت الأرض في الرمل،

موت الصفق في هجير عشب الصيف

وموت الإنسان الدامي.

سوف اولد من جديد، زهور،

سوف اولد من جديد عشبا وشجر،

سمك وغزالة وفراشة وطير.

ومن كل شكل،

الشوق يحملني أعلى الدرج
الي آخر معاناة،
الي معاناة البشر.
يا قوس مهتز،
عندما اشتدت القبضة للشوق
أمر بكل أقطاب الحياة
تنحي لبعضهم البعض!
ولكن كثيرا ما،
ستطاردني من الموت الولادة
علي طريق الخليقة المؤلم،
طريق الخليقة المتألق.

ليلة العزلة

(7)

إخوانك هم اخواني،
الفقراء هنا وهناك،
متشوق لكل نجمة،
حلم للخلاص من الالم،
أنت المتعثر البكم
ليلا، مثل النجوم الشاحبة تنفصل،
أرفع يديك الرقيقة لبعض
الأمل، وعاني.

203

محمد محمود يوسف

في رحلة
(8)

لا تكون حزينا، قريبا سيأتي الليل،
عندما نرى القمر بارد يضحك في السر
عبر الريف خافت،
ويهدأ لنا بال، جنبا إلى جنب.

لا تحزن ، سيأتي الوقت قريبا
عندما يمكننا الراحة. سوف تقف لنا الصلبان الصغيرة
على حافة الطريق المشرق معا،
وسقوط المطر، وسقوط الثلوج،
والرياح تأتي وتذهب.

تفكير في صديق في الليل
(9)

في هذا العام الشرير، يأتي الخريف مبدرا...
أمشي ليلا في الميدان، وحيدا، المطر تقعقع،
الريح على قبعتي...وأنت؟ وأنت يا صديقي؟

أنت تقف-ربما-لرؤية الهلال

يتحرك في قوس صغير فوق الغابات

ونار المعسكر، أحمر في وادي اسود.

وأنت مستلقيا –ربما–في حقل عشب نائم

ويندرج الندى البارد على جبهتك وسترة المعركة.

ربما تكون ممتطيا في هذه الليلة ظهر حصان،

حدقت النظر لموقع متقدم وفي قبضتك مسدس،

تبتسم، وتهمس إلى حصانك المتعب .

ربما –أتخيل –أنت تقضي الليل

كضيف في قلعة غريبة مع حديقة

وتكتب رسالة على ضوء الشمع، وتنقر

على مفاتيح البيانو بجانب النافذة،

تتلمس باحثا على صوت...

– وربما

أصبحت صامتا، أصبحت ميتا، واليوم

سوف لا يلمع مرة اخرى علي

عيونك الرزينة الحبيب ويدك البنية متدلية ذابلة،

وجبهتك البيضاء منقسمة مفتوحة!– ،

ولو مرة واحدة فقط، ذلك اليوم الأخير، قد أعلنت لك، وقالت لك

شيئا من حبي، كنت مترددا للحديث عنه!

ولكن أنت تعرفني، أنت تعرف... ومبتسما، موافق
هذه الليلة من أمام قلعتك الغريبة،
وأنت بإيماءة لحصانك في غابة منقوعة،
و بإيماءة للنوم علي كومة قاسية من القش،
وتفكر عني، وتبتسام.
وربما،
ربما يوما تعود من الحرب،
ونسير سويا في بعض الامسيات،
ونتحدث عن لونجوي و لاتيش و داميركيرتش،
وتبستم ، وسيكون كل شيء يعود كما كان،
و لا أحد يتحدث عن خوفه وقلقه،
عن قلقه وحنانه ليلا في الحلق،
من حبة. ومع نكتة واحدة
سوف تخيف بعيداً القلق، الحرب، ضَجرِ الليالي ،
برق الصيف الصداقة البشرية الخجولة،
في الماضي البارد الذى لن يعود ابدأ.

مستلقى على العشب

(10)

هل هذا كل شيء الآن، الأوهام سريعة من الزهور،
وألوان من مرج صيف مشرق،
تمتد السماء زرقاء خفيفة, أغنية النحل،
هل هذا كل شيء فقط حلم تأوه الله،
صرخة سلطات فاقد الوعي للخلاص؟
امتداد الجبل ،
التي تستجم بكل جمال وشجاعة في الزرقاء،
هل هذا ايضاً فقط تشنج،
فقط التوتر الجامح من اهتياج الطبيعة،
فقط الحزن فقط العذاب، تحسس عديم الفائدة،
لن يستريح ولا حركة مباركة؟
لا! تركنى وحدى، انت حلم ملوث
العالم يعانى!
رقص حشرات صغيرة تحتضنك في تألق المساء،
بكاء الطيور تحتضنك،
عبير الريح تبرد جبهتى
مع عزاء.
أتركني وحيدا ، يا حزن البشرية لا يُحتْمَلُ !
أجعلها كل الألم.

والتكن كل المعاناة، والبؤس-
ولكن ليست هذه الساعة الحلوة في الصيف،
وليس شذا البرسيم الأحمر،
وليس سروري الناعم العميق
في روحي.

عبر الحقول
(11)

عبر السماء، تتحرك الغيوم،
عبر الحقول، الريح،
عبر الحقول يتجول
طفل أمى المفقود.

عبر الشارع، يندفع الصفق،
تبكي الطيور عبر الأشجار،
عبر الجبال، بعيداً
يجب أن يكون وطني.

ملاحظات

الفصل 1

1 - "بيتر كاملسلد" Peter Camellzilld يحكى قصة كاتب فاشل وماجن.

2 - اذا استمرت الحرب (If the war goes on).

3 - "هائم ...متجول. Wandering

4 - ديميان (Demian) فى عام 1919 وهى قصة الشاب الألماني سنكلير فى مُقْتَبَلُ البُلوغ تتناول النضج خلال العقد السابق للحرب العالمية الأولى. الرواية هي قصة هيرمان هسى في شبابه وقد نشرها اولا بإسم سنكلير كمؤلف وبعنوان "قصة شاب". فإن تحليله في هذه الرواية يعكس الشعور بالضيق فى أوروبا و الأدب الألماني آنذاك.

5 - إن سيرة حياة "هرمان هسه" الروحية، "تحت العجلة" Beneath the Wheel هي محك في تفحص المؤلف، ، الدائم للصراع بين توكيد الذات وتدمير الذات. روايته هذه، التي تقوم على أساس تجربته الشخصية، تهاجم النظام الثقافي الذي يدعم العقل والطموح على حساب المشاعر، والروح والموهبة النظرية. ورواية هذه تحكي حكاية تنطبق على عصرنا، بما تتصف من شاعرية وغنائية جعلا من هسه شخصية أدبية بارزة في القرن العشرين. إنها المفتاح لفهم أعماله اللاحقة كافة.

6 - "سيدهارثا" Siddhartha, novel by Hermann Hesse based on the early life of Buddha, published in German in 1922. It was inspired by the author's visit to India before World War I.

7 - *"لعبة الكرات الزجاجية" The Glass Bead Game,* Das Glasperlenspiel.

8 - *" نَرْجِس و قولدمند" نارسيس و گلدمونت, Narcissus and Goldmund*

9 - *سيرة ذاتية:*

ولد هرمان هيسه يوم 2 يوليه 1877 في مدينة ورتيمبرج الغابة السوداء في فورتنبرغ، ألمانيا. كل من الوالدين خدم في الهند في مهمة تحت رعاية "بعثة بازل"، مجوعة تبشيرية مسيحية بروتستانتية. الأم، ماري جونديرت، ولدت في الهند عام 1842. وفي وصف طفولتها الخاصة، قالت، "طفلة سعيدة لم أكن..." كما كان المعتاد بين المبشرين في ذلك الوقت، وقالت أنها تركت في أوروبا في الرابعة من العمر عندما ذهب أبويها إلى الهند. وقالت أنها حاولت التمرد على والدها السلطوي، هيرمان جونديرت، ولكن إستسلمت له أخيرا. والد هيس يوهانس هيس، ابن طبيب، ولد في عام 1847 في المدينة بيد الإستونية (ويسينستين). كان الدكتور هيس مستبد كالدكتور جونديرت. تزوج هيس يوهانس و انتقل إلى منزل والد زوجته. في عام 1889 تعرض الي نوبة الاكتئاب العميق. ولازمته بقية حياته. والد هيس يوهانس ينتمي إلى الأقلية الألمانية في ذلك الجزء من منطقة بحر البلطيق، التي كانت آنذاك تحت حكم "الإمبراطورية الروسية"، وكان ابنه هيرمان عند الولادة مواطن من "الإمبراطورية الألمانية"، والإمبراطورية الروسية. هيس كان كان له خمسة أشقاء ، توفي اثنان منهم في سن الرضاعة. في عام 1873، انتقلت الأسرة إلى كالور ورتيمبرج، حيث عمل

والده في كالور فيرلاجسفيرين (Calwer Verlagsverein)، وهي دار نشر متخصصة في النصوص اللاهوتية والكتب المدرسية. جده هيس جونديرت كان يدير دار النشر وخلفه هيس يوهانس في عام 1893. هيس نشأ في أسرة تخللها روح "Swabian Pietism" وهي حركة دينية متزمتة، مع ميول قوية لعزل المؤمنين إلى مجموعات صغيرة، عميقة التفكير. وصف هيس التراث الألماني البلطيقى لوالده بأنه "حقيقة هامة وقوية" لهويته النامية. وقال هيس عن والده "دائماً يبدو مهذبا جداً وأجنبي و وحيدا، وغير مفهوم." حكايات والده عن إستونيا تغرس شعور متباين من الدين في هيرمان الشباب. وعند سماع هذه الحكايات اصبح الإبن تواقا لرؤية إستونيا. هرمان هيسه كان له شعور بالنفور من البرجوازية الصغيرة و كذلك نم هذا الشعور من خلال علاقته مع جدته جولي جونديرت وخلفيتها الفرنسية-السويسرية جعلتها من هذا الوسط. من منذ البداية وضح أن هرمان هيسه متهور وصعب علي أسرته للتعامل معه. في رسالة إلى زوجها هيس يوهانس، كتبت الأم ماري عن هرمان : "له إرادة قوية وله عقل مدهش حقا وهو في سن الأربع سنوات من العمر." بدرت من هيس علامات الاكتئاب الخطيرة في وقت مبكر وفي السنة الأولى المدرسية.

جده جونديرت دكتور الفلسفة وله طلاقة في لغات متعددة، شجع الصبي أن يقرأ على نطاق واسع، السماح له بزيارة مكتبته، التي كانت مليئة بالأعمال الأدبية العالمية. كل هذا جعله يشعر بأنه مواطنا من مواطني العالم وضد النزعات القومية . تقاسم هيسى الشاب حب الموسيقى مع والدته. الموسيقى والشعر على

حد سواء كانت هامة في أسرته. والدته كتبت الشعر ووالده كان معروفا بتمكنه للغة في كتاباته الدينية. أخيه غير الشقيق، ثيو، الذى تمرد ضد الأسرة بدخوله معهد موسيقي أصبح نموذجا له. في عام 1881، وهو في الرابعة، انتقلت الأسرة إلى بازل، سويسرا، وبقت لمدة ست سنوات، ومن ثم العودة إلى ورتيمبرج. دخل المدرسة اللاتينية في غوبنغن، ثم "المعهد اللاهوتي الإنجيلية اللاهوتية للدير مولبرون" في عام 1891. في مارس 1892، أظهر شخصيته المتمردة، وفي إحدى المرات هرب من المدرسة، وعثر عليه في أحد الحقول في يوم التالي. هيس بدأ رحلة عبر مختلف المؤسسات والمدارس وواجه صراعات مكثفة مع والديه. بعد محاولة الانتحار، أمضى وقتا في مؤسسة في "اد بول" تحت رعاية العالم اللاهوتى كريستوف فريدريش بلومهاردت. وقد أودع في وقت لاحق، في مؤسسة للأمراض النفسية في ستيتين ريمستال، ومن ثم مؤسسة للبنين في بازل. في نهاية عام 1892 إلتحق بجِمْنَازيُوم (مدرسة ثانوية المانية) في كانستات. في عام 1893 اجتاز الامتحان. في نفس العام، بدأ يتجول مع رفاقه الأكبر سنا واخذ علي عادة الشرب و التدخين.

بدأ هيس فترة تدريب في مكتبة في بلدت اسلنغن ، لكنه استقال بعد ثلاثة أيام. ثم، في أوائل صيف عام 1894، بدأ تلمذة ميكانيكي في مصنع برج الساعة في ورتيمبرج لمدة 14 شهرا. الرتابة في العمل جعلته يتحول تجاه الأنشطة الروحية أكثر. في أكتوبر 1895، بدأ فترة تدريب مع صاحب مكتبة في توبنغن متخصصة في جمع علوم اللاهوت، وفقه اللغة، والقانون. قضى أيام فراغه مع الكتب بدلاً من الأصدقاء. درس المؤلفات اللاهوتية ولاحقا غوته وليسينغ وشيلر، والعديد من النصوص في الأساطير اليونانية. وبدأ أيضا قراءة

نيتشه وأفكار هذا الفيلسوف في الجنس البشري كان له تأثير كبير على معظم رواياته.

في عام 1898 اصبح هيس مستقلا ماليا من والدية. وخلال هذا الوقت، ركز على الكثير من أعمال كليمنس برينتانو، جوزيف فرايهر فون ايتشيندورف، ومؤسسة فريدريش هولدرلين ونوفاليس (Clemens Brentano, Joseph Freiherr von Eichendorff, Friedrich Hölderlin and Novalis).

قدم إلى منزل "فراولين فون ريوتيرنFraulein von Reutern "، صديقة لأسرته. هناك التقى بالشباب من سنه. وهذا اللقاء كان إشكالية إذ أن معظمهم في الدراسة الجامعية. وهذا عادة ما ترك له الشعور بالحرج.

في عام 1896، نشرت له قصيدة "مادونا" في نشرة دورية في مدينة فيينا. و صدر له أول كتاب له من الحجم الصغير للشعر، "الأغاني الرومانسية". وفي عام 1897، قصيدة "Grand Valse "، ووصلته رسالة معجبة من فويجت هيلين، والتي تزوجت يوجين ديديريتشس، أحد الناشرين. لإرضاء زوجته وافق ديديريتشس على نشر كتاب هيس من النشر في عام 1898 بعنوان "ساعة واحدة بعد منتصف الليل". كلا الكتابين لم يحظيا بنجاح في التوزيع. هيسى صدم صدمة كبيرة عندما عارضت والدته "الأغاني الرومانسية" بحجة أنها كانت علمانية و شريرة غامضة.

في عام 1900، اعفي هيسى من الخدمة العسكرية الإجبارية بسبب نظره و الاضطرابات العصبية والصداع المستمر. في عام 1901 حقق حلمه

وسافر للمرة الأولى إلى إيطاليا و في نفس العام ترك عمله السابق و بدأ العمل في أنتيكواريوم واتينويل(antiquarium Wattenwyl) في بازل. ووجد مزيدا من الوقت لنشر قصائد ونصوص أدبية صغيرة للمجلات. ونشر " كتابات وقصائد *Posthumous Writings and Poems of Hermann Lauscher.* في عام 1902 توفيت والدته بعد مرض طويل ومؤلم. ولم يحضر جنازتها خشية من تفاقم اكتئابه.

بعد نشر كتابه الأخير أصبح الناشر ساموييل فيشر مهتما بكتابات هيسى ومع روايته بيتر كامينزيند، التي ظهرت في عام 1903. وأصبحت الرواية شعبية في جميع أنحاء ألمانيا. سيغموند فرويد أشاد بها كواحدة من قراءاته المفضلة. مع الشهرة الأدبية، تزوج هيسى Bernoulli ماريا (الأسرة الشهيرة بعلم الرياضيات) في عام 1904 و استقرت معها في جاينهوفين على بحيرة كونستانس، وبدأ أسرة، وكان له ثلاثة أبناء. في جاينهوفين كتب روايته الثانية، "تحت عجلة"، التي نشرت في عام 1906. وتبعه بالقصص القصيرة والقصائد. روايته جرترود(Gertrude) نشرت في عام 1910. اظهر هيسى اهتمامه بالهند من سنوات عديدة قبل نشر سيدهارتا عام (1922).

خلال هذا الوقت، كان هناك تنافر بينه وماريا، وفي عام 1911 غادر في رحلة طويلة إلى سريلانكا وإندونيسيا. كما زار سومطرة وبورنيو، وبورما، وكانت الرحلة لها انطباعا قويا على عمله الأدبي. بعد عودته انتقلت الأسرة إلى بيرن (1912)، ولكن تغير البيئة لم تحل مشاكل الزواج.

عند اندلاع الحرب العالمية الأولى في عام 1914، سجل هيسى نفسه كمتطوعة مع الجيش الإمبراطوري، قائلا أن لا يمكن أن يجلس خاملا بينما يموت الكتاب الشباب الآخرين على الجبهة. بيد أنه وجد غير صالح لمهمة قتالية، لكن تم تعيينه إلى خدمة تشمل رعاية أسرى الحرب. في سبتمبر 1914 كتب مقالة عنوانها "أيها الأصدقاء ليس بهذه اللهجة" التي نشرت في جريدة Zürcher يوم 3 نوفمبر. في هذا المقال ناشد المثقفين الألمان أن لا ينجرفوا إلى الوَطَنِيَّة . ومنذ ذلك الوقت لم يغفر له في ألمانيا لموقفه الإنتقادي للوطنية والنزعة العسكرية. وجد نفسه وسط صراع سياسي خطير، وهاجمته الصحف الألمانية. تلقي الدعم المستمر من صديقة هيوس تيودور، والكاتب الفرنسي رومان رولان، الذي زار هيسى أغسطس عام 1915. في عام 1917 كتب هيسىه لرولان، "وقد فشلت المحاولة... لتطبيق الحب على المسائل السياسية."

بوفاة والده يوم 8 مارس 1916 ومرض ابنه مارتن، قد أجبر على ترك خدمته العسكرية وبدأ في تلقي العلاج النفسي والانشقال بموضوع التحليل النفسي و تعرف من خلال ذلك على كارل يونغ شخصيا. كتب هيسى روايته Demian في عام 1919 تحت اسم مستعار إميل سنكلير.

عاد هيسى إلى الحياة المدنية في عام 1919، قد تحطم زواجه و زوجته اصابها حالة شديدة من الذهان، لكن حتى بعد أن اعادت صحتها إقتنع هيسى بأن لا مستقبل ممكن معها. واستقر هيسى لوحده في كانتون تيسان في مزرعة صغيرة بالقرب من Minusio (قريبة إلى لوكارنو)، ثم انتقل الى مونتاجنولا،

واستأجر أربع غرف صغيرة في مبنى يشبه القلعة، كاموزي كازا. هنا بحث مشاريع الكتابة و الرسم . ونشر قصة "كلينجسور في الصيف الماضي" في عام 1920. في عام 1922، نشر رواية سيدهارتا، والتى عكست ميوله للثقافة الهندية والفلسفة البوذية. في عام 1924، تزوج هيسى المغنيه فينغر روث، ابنه الكاتب السويسري فينغر ليزا وعمة اوبنهايم ساتيلوف. ولكن هذا الزواج لم يحقق أي استقرار له.

في عام 1923، حصل على الجنسية السويسرية. نشر رواية ستيبينوولف(*Steppenwolf*) في عام 1927. تحول بعيداً عن العزلة وتزوج مؤرخة الفن "نينون دولبين". هذا التحول إنعكس في رواية نرجس وجولدموند، التى ظهرت في عام 1930. في عام 1931، غادر كاموزي Casa وانتقل مع نينون إلى منزل كبير قرب مونتاجنولا، الذي تم بناؤه وفقا لرغباته. وفي عام 1932اصدر رواية "رحلة إلى الشرق". في عام 1931، بدأ هيسى التخطيط لكتابت عمله الرئيسي "لعبة الكرات الزجاجية" والذى نشر في 1943 في سويسرا. بهذا لعمل حصل على جائزة نوبل في الأدب في عام 1946.

ولاحظ هيسى صعود النازية في ألمانيا إلى السلطة بقلق. في عام 1933، برتولت بريخت وتوماس مان رحلا إلى المنفى بمساعده هيسى. بهذه الطريقة، حاول هيسى العمل ضد قمع هتلر للفن والأدب. وأعرب علنا عن معارضته لمعاداة السامية. في نهاية الثلاثينات، المجلات الألمانية أوقفت أعماله و في نهاية المطاف حظرت على أيدي النازيين.

11 - البراهمان Brahmanالإله الهندوسى .

12 - سيغموند فرويد Sigmund Freud (6 مايو، 1856 - 23 سبتمبر، 1939). هو طبيب نمساوي ومفكر حر. أسس مدرسة التحليل النفسي وعلم النفس الحديث. فرويد اشتهر بنظريات العقل واللاواعي، وآلية الدفاع عن القمع وخلق الممارسة السريرية في التحليل النفسي لعلاج الأمراض النفسية عن طريق الحوار بين المريض والمحلل النفسي. فرويد اشتهر بتقنية إعادة تحديد الرغبة الجنسية والطاقة التحفيزية الأولية للحياة البشرية، فضلا عن التقنيات العلاجية، بما في ذلك استخدام حرية تكوين الجمعيات، ونظريته من التحول في العلاقة العلاجية، وتفسير الأحلام كمصادر للنظرة الثاقبة عن رغبات اللاوعي. في حين أن كثيرا من أفكار فرويد قد أصبحت غير صالحة أو قد تم تعديلها من قبل المحافظين الجدد وFreudians في نهاية القرن العشرين ومع التقدم في مجال علم النفس بدأت تظهر العديد من العيوب في كثير من نظرياته، أساليب وأفكار فرويد تبقى مهمة في تاريخ الطرق السريرية psychodynamic وفي الأوساط الأكاديمية، وأفكاره لا تزال تؤثر في بعض العلوم الإنسانية والعلوم الاجتماعية. ولد سيجموند فرويد في 6 مايو، 1856 في بلدة مورافيا ابان الإمبراطورية النمساوية، والتي هي الآن جزء من جمهورية التشيك. كان فرويد الأول من ثمانية أطفال، ونظرا لذكائه المبكر، ضحا والداه بكل شيء لمنحه التعليم السليم على الرغم من الفقر بسبب الأزمة الاقتصادية. في عام 1857، خسر والد فرويد تجارته، وانتقلت العائلة إلى لايبزيغ قبل أن يستقر في فيينا التي عاش فيها قرابة ثمانين عاما.

13 - فردرك نتش (Friedrich Nietzsche)

14 - رومان رولان *Rouman Roulan* هو أديب فرنسي ولد في بلدة كلاميسي يوم 29 يناير 1866 وتوفي يوم 30 ديسمبر 1944، من قادة الفكر الحيث المدافعين عن السلام. حصل على جائزة نوبل في الأدب لسنة 1915. تعلم أولا في البلدة التي ولد بها، ثم انتقل إلى باريس عام 1886 حيث إلتحق بمدرسة النورمال العليا، وفي عام 1889 نجح في امتحان الاجريجاسيون في التاريخ والفلسفة وفي عام 1895 حصل على شهادة الدكتوراة في الآداب برسالة قدمها عن اصول المسرح الغنائي الحديث، وعين بعد ذلك أستاذا لتاريخ الفن في مدرسة النورمال العليا، ثم عين استاذا في السوربون حيث أدخل مادة تاريخ الموسيقى وبقى فيها حتى عام 1911. ابتدأ رومان رولان حياته الادبية بكتابة عدد كبير من القصص المسرحية. كان رومان رولان يهيم بحياة الأبطال الذين يرى فيهم مثلا أعلى لما يجب أن يكون عليه الفرد من الفضائل لذلك كتب: حياة بيتهوفن 1903، حياة ميشيل آنج 1906، حياة تولستوى 1913، مهاتما غاندي 1926. نادى بأن يكون المسرح متحررا من برجوازيته، هاجم المسرح الكلاسيكي والمسرح الرومانتيكي داعيا بأن يكون الفن المسرحي صدى لتفكير العصر الذى نعيشه. عندما قامت الحرب كان في جينف بسويسرا، كتب عدد من المقالات طالب فيها بحقن الدماء وعودة السلام وإنقاذ أرواح الشباب. سرعان ما أعلن عداوته لكل نظام أتوقراطي يمتهن كرامة الشعوب، مبينا أن الفكر الألماني-الذى مجده ولا يزال يمجده-هو الفكر الحر الداعي للمساواة بين الأمم. ولذلك بمجرد دخول النازيون

فرنسا ،قاموا بالقبض عليه، وأرسل إلى معسكرات الاعتقال في ألمانيا ،مما عجل بموته بعد أسابيع من تحرير فرنسا.

15 - برتولت بريشت Bertolt Brecht الذى ولد في 10 فبراير 1898 في مدينة أوجسبورج. درس الطب في ميونخ, وهناك تعرف على لودفيج فويشتنفانجر, وعمل في مسرح كارل فالنتين. وفي عام 1922 حصل بريشت على جائزة كلايست عن أول أعماله المسرحية. وفي عام 1924 ذهب إلى برلين, حيث عمل مخرجا مسرحيا. وهناك اخرج العديد من مسرحياته. وتزوج عام 1929 من الممثلة هلينا فايجل وفي عام 1933 بعد استيلاء هتلر على السطة في ألمانيا, هرب إلى الدانمارك. ثم هرب عام 1941 من الدانمارك من القوات الألمانية التي كانت تتوغل في أوروبا, فهرب إلى سانتا مونيكا في كاليفورنيا, وهناك قابل العديد من المهاجرين الألمان الذين فروا من الدولة الهتلرية, التي بدأت تمارس القهر والاغتيالات ضد المعارضين, وتفرض اضطهادا لا حدود له ضد اليهود, وتحرق كتب الأدباء التي لا ترضى عنهم. و كانت كتب بريشت من الكتب التي أحرقت. وهناك في أمريكا لم يكن بريشت راضيا عن الأوضاع الاجتماعية والأخلاقية في أمريكا. وفي عام 1947 حوكم برتولت بريشت في واشنطن, بسبب قيامه بتصرفات غير أمريكية .وفي عام 1948 عاد إلى الوطن ألمانيا, ولكن لم يسمح له بدخول ألمانيا الغربية, فذهب إلى ألمانيا الشرقية, حيث تولى هناك في برلين الشرقية إدارة المسرح الألماني. ثم أسس في عام 1949 "مسرح برلينر إنسامبل" (فرقة برلين). وتولى عام 1953 رئاسة نادي القلم الألماني. وحصل عام 1954 على جائزة ستالين للسلام. وقد أثر مسرح "برلينر

إنسامبل" على المسرح الألماني في فترة ما بعد الحرب العالمية الثانية, وظل بريشت يعمل في هذا المسرح حتى وفاته في عام 1956. يعتبر بريشت من أهم كتاب المسرح العالمي في القرن العشرين. ويقوم مذهبه في المسرح على فكرة أن المشاهد هو العنصر الأهم في تكوين العمل المسرحي, فمن اجله تكتب المسرحية, حتى تثير لديه التأمل والتفكير في الواقع, واتخاذ موقف ورأي من القضية المتناولة في العمل المسرحي.

16 - هانز كاروساس

The prettiest, what we have experienced since the spring, was the visit of the poet Carossa, we both love, about 3 weeks ago. He was there half a day in transit from Italy, and we had joy in him "
-(Letter from Hermann Hesse to Helene Welti, 1932)

بدأ هانز للاهتمام بالشعر عندما كان شابا. درس الطب في ثلاث جامعات ميونيخ وفورتسبورغ، ولايبزيغ. وأنفق عمليا كل وقت فراغه في الأوساط الأدبية. وهنة لطب كانت من تقاليد الآسرة ولكن إتم أكثر بالأدب والشعر.

17 ـأندريه جيد ، أندريه جيد) (22 نوفمبر 1869 - 19 فبراير 1951)

كاتب فرنسي. ولد أندريه جيد في باريس في عائلة بورجوازية بروتستانتية، وتلقى تربية قاسية ومتزمتة بسبب وفاة والده وهو صغير السن حيث امه فنورمندية كانت متسلطة. كان أندريه معتل الصحة، وكان منذ صغره

يشعر انه مختلف عن الآخرين. لم تكن دراسته المدرسية منتظمة، فعاش طفولة مشوشة. ما إن بلغ المراهقة حتى استهوته اللقاءات الأدبية فأخذ يرتاد الصالونات الأدبية والاندية الشعرية. في العام 1891 نشر جيد دفاتر أندريه فالتر التي يحكي فيها عن نفسه بشخصية بطل القصة أندريه فالتر حيث تكلم عن شعوره بالكآبة وطموحاته المستقبلية وحبه لابنة عمه مادلين المكنى عنها بالرواية تحت اسم ابنة عم البطل امانويل، تزوج ابنة عمه مادلين عام 1895، ترجم عدة كتب إنجليزية إلى اللغة الفرنسة ووضع دراسات نقدية جديدة في الأدب الفرنسي، حصل على شهادة الدكتوراة الفخرية من اكسفور.

18 – مارتن بوبر – ولد مارتن بوبر في فيينا بالنمسا عاش هناك لبعض الوقت قبل أن يسافر مع أجداده وهو في سن الأربع سنوات إلى أوكرانيا. في عام 1938 استقر في القدس، شارك بوبر في تأسيس الحركة الصهيونية التي من أهم مبادئها الزعم بأن اليهود شعب وله الحق في أن يكون له وطن. خصص بوبر جزءا كبيرا من حياته لإبراز ما يسمونه القيمة الثقافية للديانة اليهودية والاعتراف بها. كتب العديد من الكتب ومنها أنا وأنت عام 1923 وكتاب أقوال الهاسيديزم عام 1961.

19 – ستيفان زفايج أو زفايغ« 1881–1942» هو كاتب نمساوي من أصل يهودي. أديب نمساوي مرموق ومن أبرز كتّاب أوروبا في بدايات القرن الفائت وقد اشتهر بدراساته المسهبة التي تتناول حياة المشاهير من الأدباء أمثال: تولستوي، وديستوفسكي وبلزاك ورومان رولان فيتناول الشخصية

بحيادية ويكشف حقيقتها كما هي دون رتوش وفي الوقت نفسه يميط اللثام عن حقائق مجهولة أو معروفة على نطاق ضيق في حياة هؤلاء المشاهير الذين ذاع صيتهم.كتب شتيفان تسفايغ العديد من المسرحيات والروايات والمقالات. صدر له كتاب الذي تناول فيه سيرته الذاتية "عالم الأمس" بعد انتحاره. حصل على الجنسية البريطانية بعد تولي النازيين للسلطة في ألمانيا. عاش متنقلا في أمريكا الجنوبية منذ العام 1940. قرر شتيفان التخلص من الحياة وهو يشهد انهيار السلم العالمي وويلات الحرب العالمية الثانية فشعر بخيبة شديدة وتوترت أعصابه المرهفة فأقدم على فعلته دون وجل و لم ينس أن يشكر حكومة البرازيل حيث انتحر على حسن الضيافة والرعاية علماً أن الراحل كان قد حصل على الجنسية البريطانية قبل أنتحاره بمدة وجيزة.

في يوم 21 فبراير عام 1942 جلس في بيته الفخم يودع معارفه بريدياً ويشرح لهم أسباب انتحاره وكتب يومذاك 192 رسالة وداع بما في ذلك رسالة إلى زوجته الأولى وبعد ذلك دخل شتيفان تسفايغ وزوجته الثانية إلى غرفة النوم وابتلعا في لحظة واحدة العشرات من الأقراص المنومة وتعانقا بحنان وطال العناق. وفي اليوم التالي اقتحم خدم المنزل غرفة النوم لتأخرهما بالاستيقاظ المعتاد ليجدوا الأديب وزوجته قد فارقا الحياة في عناق أبدي ودون إثارة ضجة و لم ينس الأديب أن يعطي كلبه المدلل جرعة كبيرة من المنومات فنام بدوره أمام باب غرفة النوم.

20 إدموند فيشر ـــ سويسري (ولد في شنغهاي بالصين في 6 أبريل 1920) . تقاسم جائزة نوبل في الطب سنة 1992 مع الأمريكي إدوين كريبس

لاكتشافهما عملية الفسفرة القابلة للانعكاس (reversible phosphorylation) ودورها في تنشيط البروتينات وتنظيم العديد من العمليات الخلوية.

21 - يوجين d'Albert يوجين تشارلز فرانسيس دعلبيرت (10 أبريل 1864-3 مارس 1932) عازف البيانو الألماني المولود في اسكتلندا والملحن.

الفصل 2

1 - Peter Camenzind

2 - *The Bildungsroman ; German: بيلدونجسرومان "education novel") is a term coined in literary criticism, that purportedly defines a genre of the novel which focuses on the psychological and moral growth of the protagonist from youth to adulthood, and in which character change is thus extremely important. The term was coined in 1819 by philologist Karl Morgenstern in his university lectures.*

الفصل 3

1 - تحت العجلة *Beneath the wheel*

الفصل 4

1 - اذا استمرت الحرب. *If war goes on*

2 - فردانية "*individualist*". يعني نظرتة الإجتماعية بتفضيل حرية الفرد على سيطرة الدولة أو السيطرة الجماعية.

3 - أرسل له رولاند رسالة ودية تعاطف معهه علي مواقفه حينما قراء له أول مقالاته.

4 - US President Woodrow Wilson.

الرئيس وودرو ويلسون. وفي 31 يناير 1917، أعلنت ألمانيا غواصة جديدة هجومية. وأعلن ويلسون قطع العلاقات الدبلوماسية مع ألمانيا. في أبريل طلب ويلسون الحصول على إذن للذهاب إلى الحرب. و أقر مجلس الشيوخ في 4 أبريل بأغلبية 82 صوتا مقابل 6، وبعد يومين، في مجلس النواب، 373 مقابل 50. و أعلنت الحرب ضد الحكومة الألمانية.

5 - Lloyd George ديفيد لويد جورج (1863 – 1945م). أحد زعماء حزب الأحرار البريطاني. كان رئيسًا للوزراء أثناء النصف الأخير من الحرب العالمية الأولى.) هير ((ريتشارد فون Kühlmann (أيار/مايو 3،

1873-شباط/فبراير 16، 1948) كان دبلوماسي ألماني والصناعيين. من 6 أغسطس 1917 إلى 9 يوليه 1918، شغل منصب وزير الدولة الألماني للشؤون الخارجية.

6 - هي مدينة في مقاطعة بريست في روسيا البيضاء.) Brest-Litovsk (معاهدة برست لتوفسك، صلح وقعته روسيا بيد الثورة الروسية في أكتوبر 1917 خرجت بمقتضاه من الحرب العالمية الأولى. وقعت الحكومة البلشفية في 3 مارس عام 1918 معاهدة السلام الانفصالية مع ألمانيا التي اطلق عليها معاهدة بريست.وبموجب تلك المعاهدة التزمت روسيا بالاعتراف باستقلال كل من اوكرانيا وبيلاروسيا ولتوانيا ولاتفياو استونيا وفنلندا وتسريح الجيش والاسطول ودفع تعويض بمقدار 6 مليارات مارك ألماني وتسليم ألمانيا سفن اسطول البحر الاسود. وبعد إبرام معاهدة بريست احتل الجيش الألماني كلا من اوكرانيا وبيلاروسيا ومنطقة البلطيق.

لم تعترف دول التحالف الرباعي بمعاهدة بريست وانزلت سريتين من مشاة البحرية البريطانيين في مدينة مورمانسك في شمال روسيا محاولة استعادة الامدادات التي ارسلها التحالف إلى روسيا للحيلولة دون وقوعها في ايدى الالمان تعتبر من الأسباب الرئيسية لقيا الحرب الأهلية الروسية)

7 - Kühlmann ولد في القسطنطينية. من عام 1908 إلى عام 1914، كان مستشارا في السفارة الألمانية في لندن، وكان نشطاً جداً في دراسة جميع مراحل الحياة السياسية والاجتماعية المعاصرة في بريطانيا العظمى، وحتى في

أيرلندا. خلال الحرب العالمية الأولى، وكان تباعا مستشار السفارة في القسطنطينية، وزير في لاهاي، ومن سبتمبر 1916 حتى أغسطس عام 1917، السفير في القسطنطينية.عين وزير الخارجية في أغسطس عام 1917، قاد وفد التفاوض على "معاهدة بريستليتوفسك".

الفصل 5

1 – "قصة شاب" *The story of a youth*

Thomas Mann in his foreword to the book wrote"The author must have had a very lively sense of the suprapersonal validity of his creation as proved by the intentional ambiguity of the subtitle 'The story of a youth' which may be taken to apply to a whole young generation as well as to an individual. This feeling is demonstrated too by the fact that it was this particular book which Hesse did not wish to have appeared over his own name which was already known and typed. Instead he had the pseudonym Sinclair-a name selected from the Hoelderlin circle- printed on the jacket and for a long time carefully concealed his authorship. I wrote at that time to his publisher, who was also mine, S. Fischer in

Berlin, and urgenly asked him for the particulars about this striking book and who 'Sinclair' might be. The old man lied loyally: he had received the manuscript from Switzerland through a third person. Nevertheless the truth slowly became known, partly through critical analysis of the style, but also through indiscretion. The tenth edition, however, was the first to bear Hesse's name"

2 - المحلل النفسي لانق *Lang*

3 - كارل كوستاف يونج (Carl Jung) طبيب سويسري من المؤسسين لعلم النفس الحديث

4 - *Introversion* (انكفاء على الذات)

5 - *Extroversion* (انْبِساطٌ نَفْسِيّ).

الفصل 6

1 - "هائم ...متجول" "*Wandering*"

2 - نيرفانا *nirvana* هي السعادة القصوى في مفهوم الفكر الفلسفي يستخدمها *jains* الجاينيون والبوذيون, والجاينية تعرف ب"جاين داهارما" . أحد الديانات الدارمية ذات الطابع الفلسفي نشأت في الهند القديمة تبعا

لتعاليم ماهافيرا (حوالي القرن السادس قبل الميلاد). بدأت في حقبة ما قبل التاريخ في جنوب آسيا والآن هم اقلية في الهند الحديثة ولكن اتباع المنهج ينتشرون حول العالم. تحافظ الجاينية على تقاليد الشرمان (السنسكريتية ، لغة الهند القديمة) القديمة او ما يدعى : مُتَنَسِّكascetic .

3 - Ferruccio (Dante Michelangelo Benvenuto) Busoni (April 1, 1866 – July 27, 1924) was an Italian composer, pianist, editor, writer, piano and composition teacher, and conductor.

4 - مالر Mahler غوستاف مالِر (Gustav Mahler) هو مؤلف موسيقي وقائد أوركسترالي نمساوي. أثناء حياته كان معروف أولا كقائد أوركسترالي ولكن الآن يعتبر من أهم المؤلفين الرومانسيين. ألف العديد من الأغاني بالإضافة إلى عشر سيمفونيات يمكن أن تصنف ضمن تيار الأعمال الشاعرية التي تلت الحركة الرومانسية.

5 - اشعاره ... ترجمة المؤلف.

6 - آيشندورف Joseph Freiherr von Eichendorff (10 – 26 November 1857) آيشندورفMarch 1788 was a German poet and novelist of the later Eichendorff's German romantic school. guiding poetic theme was that Man should find happiness in full absorption of the beauties and changing moods of Nature. He also wrote a history of German literature that was posthumously published. Eichendorff's poetry has been set by many composers, including

*Schumann, Mendelssohn, Brahms, Hugo Wolf,
Richard Strauss, Friedrich Nietzsche, Hans
Pfitzner, and Alexander Zemlinsky.*

7 - هوقو وُلف *Hugo Wolf (13 March 1860 – 22
February 1903) was an Austrian composer of
Slovene origin, particularly noted for his art
songs, or lieder. He brought to this form a
concentrated expressive intensity which was
unique in late Romantic music, somewhat
related to that of the Second Viennese School
in concision but utterly unrelated in
technique. Though he had several bursts of
extraordinary productivity, particularly in
1888 and 1889, depression frequently
interrupted his creative periods, and his last
composition was written in 1898, before he
died of syphilis.*

8 - واوتمرشوك *Othmar Schoeck (1 September 1886 – 8
March 1957) was a Swiss composer and
conductor. He was known mainly for his
considerable output of art songs and song
cycles, though he also wrote a number of
operas (mostly notably his one-act*

Penthesilea, premiered in Dresden, 1927, and revived at the Lucerne Festival, 1999) and instrumental compositions including two string quartets and concertos for violin (for Stefi Geyer, dedicatee also of Béla Bartók's first concerto), cello and horn.

الفصل 7

1 - *Siddhartha*

2 - البراهمان *Brahman*الإله الهندوسي .

3 - أُمْ (*Om*) هو رمز الهندوسية وتعني الله والخليقة ووحدة كل المخلوقات.

4 - samanas " (سمانس وهي طائفة دينية تؤمن بهجر الحياة التقليدية والإلتزامات في الحياة الاجتماعية من أجل ايجاد طريقة حياة أكثر إنسجاما مع الطبيعة).

5 - النرفانا*nirvana* هي السعادة القصوى في مفهوم الفكر الفلسفي يستخدمها *jains* الجاينيون والبوذيون,والجاينية تعرف ب"جاين داهارما" . أحد الديانات الدارمية ذات الطابع الفلسفي نشأت في الهند القديمة تبعا لتعاليم ماهافيرا (حوالي القرن السادس قبل الميلاد). بدأت في حقبة ما قبل التاريخ في جنوب آسيا والآن هم اقلية في الهند الحديثة ولكن اتباع المنهج ينتشرون حول العالم. تحافظ الجاينية على تقاليد الشرمان (السنسكريتية ، لغة الهند القديمة) القديمة او ما يدعى : مُتَنَسِّك*ascetic* .

6 - بودا أو بوذا أي الساهر أو اليقظ، و هو مؤسس دين البودية. يعلن طريقةً لخلاص البشر من دائرة الولادة المتكرّرة (سمسارا). لكنّ أتباعه حوّلوا تعاليمه إلى مبادئ دينيّة وألّهوه. ولد بوذا في حوالي السنة 558 ق.م. في إقليم ساكيا (جنوب النيبال). توفيت أمّه مايا وهو في السابعة من عمره، فربّته عمّته. تزوّج في السادسة عشرة، وترك البيت الزوجي في التاسعة والعشرين ليعيش اختباراتٍ روحيّة ويعلن عقيدته، ومات وهو في الثمانين من عمره. لكنّ كتّاب سيرة حياته أضافوا إليها بعض الأمور الملحميّة الأسطوريّة كي تكون حياته قدوة، ويمنحوا مؤسّس ديانتهم صفة قدسيّة إلهيّة. وتظهر هذه الملامح في الفنّ البوذيّ والعبادات والطقوس. اسمه الأصلي سيدهارتا غوتاما (صاحب الهدف المحقّق). أبوه كان حاكماً لإحدى المدن في شمال الهند على حدود مملكة نيبال وينتمي إلى طبقة المحاربين (كشاطريا).. و قد ولد في الأبهة والفخامة، ولكنه كان في غاية التعاسة. فقد لاحظ أن أكثر الناس فقراء، وأن الأغنياء أشقياء أيضاً، وأن الناس جميعاً ضحايا المرض والموت. و قد فكر بوذا كثيراً، واهتدى إلى أنه لابد أن يكون في هذه الحياة العابرة شيء أبقى وأنقى من كل ذلك.

و عندما بلغ الحادية والعشرين من عمره وبعد ميلاد ابنه، قرر أن يهجر هذه الحياة ويتفرغ تماماً للتأمل في أمر الدنيا والبحث عن الحقيقة. ترك كل شيء وتحول إلى متسول مفلس، ودرس على أيدي عدد من رجال

الدين، وبعد أن أمضى بعض الوقت اكتشف أن الحلول التي يقدمونها لمشاكل الحياة ليست كافية. وكان من المعتقد في ذلك الوقت أن الحل الوحيد لمتاعب الدنيا هو الزهد فزهد في كل شيء. وامضى سنوات لا يأكل ولا يشرب إلا القليل. ولكنه عاد فاكتشف أن تعذيب الجسد يملأ العقل ضباباً ويحجب عن النفس رؤية الحقيقة فعدل عن الزهد إلى حياته العادية يأكل ويشرب ويجلس إلى الناس. وفي العزلة أخذ يتأمل مشاكل أن ديانته هذه قد انشقت بعضها على بعض.

- الولادة:

وبعد عشرة أشهر، خرج من خاصرتها من دون دنس، فأمطرت السماء ورداً وانتشرت في الجوّ موسيقى حالمة. ووضعت الأمّ مولودها على زهرة لوتس فنهض ونظر نظرة الأسد، وسار سبع خطواتٍ في كلّ اتّجاهٍ من الاتّجاهات الأربعة وقال: - أمشي في الصفّ الأوّل لموكب البشر. سأنهي الولادة والشيخوخة والمرض والموت. لن يكون لي سيّد من بين الكائنات. أنا أسمى ما في العالم، أنا أفضل ما في العالم. هذه هي ولادتي الأخيرة. ولن يكون لي وجود آخر. وجاء ناسك من الهيمالايا وفحص المولود، فرأى في جسده الاثنتين وثلاثين علامة المميّزة للرجل العظيم. حزن الأب للخبر وتمنّى أن يعيش ابنه بحسب نظام (دهارما) طبقته الاجتماعيّة، فجنّبه التكوين الدينيّ، وجعله يعيش حياة لهو. فشبّ سيدهارتا على اللامبالاة والفروسيّة، وظهر ذكاؤه في كلّ شيءٍ يفعله. وتزوّج الأميرة ياصوذارا وعاش معها حياةً سعيدة.

_ اللقاءات الأربعة:

دبّ السأم في نفس سيدهارتا من حياته الرتيبة، فجعل يخالط الناس في الشوارع على الرغم من أنّ قانون الدهارما يمنع ذلك. وذات يوم، صادف عجوزاً أنهكته الشيخوخة، ومنظره يبعث على الاشمئزاز. فسأل الحوذيّ:

- أيّ نوعٍ من الناس هذا؟
- إنّه يا سيّدي إنسان حنت السنون ظهره.
- وما الّذي فعله حتّى أصبح هكذا؟
- إنّه مصير كلّ إنسانٍ يا سيّدي. لابدّ للشباب أن يذوي وللشيخوخة أن تأتي.

فصاح سيدهارتا مضطرباً:
- يا لتعاسة الخليقة الجاهلة الضعيفة. يسكر ذكاؤها من كبرياء الشباب فلا يرى الشيخوخة. عُد بنا أيّها الحوذيّ، ما نفع اللهو والملذّات إذا كان المصير هو أن نشيخ!

وفي المرّة الثانية، صادف رجلاً مصاباً بالطاعون، وقد ملأت القروح جسده واسودّت بشرته. كان يجلس على قارعة الطريق يتنفّس بصعوبة. وسأل الحوذيّ عنه فأخبره ما هو المرض. فقال:
- الصحّة إذاً حلمٌ جميل. ولبشاعة المرض شكل رهيب. أيّ حكيمٍ يسعى إلى الملذّات بعد أن يرى حقيقة الوجود هذه؟

في المرّة الثالثة، رأى جنازة تتّجه نحو المحرقة. وسأل الحوذيّ فأخبره ما هو الموت. فقال:

- الويل للشباب المفخّخ بالشيخوخة. الويل للصحّة الّتي تدمّرها جميع الأمراض. الويل لحياة الإنسان الّتي لا تدوم دهراً. الويل لسحر الملذّات الّذي يستولي على قلب الحكيم.

وفي المرّة الرابعة التقى زاهداً والناس يلقون إليه بالصدقات. فسأل الحوذيّ:

- مَن هذا الرجل صاحب التنفّس الهادئ، الّذي يسير مطأطئ الرأس، ولا ينظر إلاّ إلى الأرض القريبة من قدميه؟ يبدو عليه الهدوء والسكينة.

- إنّه راهب زاهد يا سيّدي. هجر مُتَعَ الشهوات ليعيش حياة منتظمة، باحثاً عن سكينة ذاته. إنّه يتنقّل سائحاً، ويقبل الصدقات ولا يشعر بأيّ عاطفة.

- حسناً أجبتَ أيّها الحوذيّ. كم أتشوّق إلى حياةٍ كهذه. فالحكماء يمدحون الدخول في الدين لأنّه يفيد الذات والكائنات. إنّها حياة يسودها الهدوء ويملؤها اللطف وتكثر فيها ثمار الأعمال الصالحة.

- الرحيل:

لاحظ الأب تغيّر مزاج ابنه، وعلم أنّه ينوي ترك المجد للبحث عن الحقيقة الّتي تحرّر الإنسان من الشيخوخة والمرض والألم والموت. فحاول ثنيه عن عزمه عبثاً. وفي آخر الأمر قال له:

- ابقَ في القصر واطلب ما تشاء.

- أريدكَ يا أبتِ أن تمنحني أربعة أشياء: أن أحافظ على نضارة شبابي، وألاّ أصاب بمرض، وألاّ يكون لحياتي نهاية، وألاّ يفنى جسدي.

صمت الأب حزيناً فتابع سيدهارتا كلامه.

- إذا كنتَ عاجزاً عن أن تجنّبني الشيخوخة والمرض والموت والفناء، ساعدني إذاً على ألاّ أعود إلى الحياة ثانيةً.

وأنجبت زوجة سيذهارتا طفلاً سمّته رؤولا. فشعر بأنّه فى دينه لأجداده. فتسلّل ليلاً من البيت وهرب إلى الغابة. وخلع ثيابه الفاخرة، ولفّ جسده بلحاء الشجر، وقصّ شعره وساح يبحث عن الحقيقة زاهداً. في بداية الأمر، عاش سيدهارتا مع الكهنة البراهمانيّين، وتعلّم منهم طرائق البحث عن الأنا (أتمان) وإيصاله إلى الطاقة الكونيّة (براهمان). لكنّه وجد أنّ هذه الطرائق معقّدة وقاسية لا رأفة فيها. ولا تؤدّي في آخر الأمر إلاّ إلى هروبٍ مؤقّتٍ من الولادة المتكرّرة (سمسارا). فهجرهم وانضمّ إلى جماعة راما بوترا النسكيّة الّتي تعيش في قمّة النسور بالهيمالايا. وتتلمذ على يد اليوغيّ ألارا كلايا. فتعلّم الجلوس متربّعاً والثبات في هذه الوضعيّة مدّةً طويلة بدون حركة، والسيطرة على إيقاع التنفّس، والصوم أيّاماً على مثال الحشرات في سباتها الشتويّ. فلا يأكل إلاّ أرزّةً واحدة يوميّاً، وينام على سرير من الأشواك البرّيّة. لكنّه شعر أيضاً بعد عدّة سنوات، بأنّه لن يبلغ الخلاص بتعذيب جسده أو السيطرة على حواسّه. فترك معلّمه وسار يبحث عن الحقيقة بنفسه. التقى سيدهارتا في طريقه بخمسة زهّادٍ فجعلهم رفاقه، وأقام

معهم بالقرب من جدولٍ صغيرٍ مدّة سبع سنوات. وكان يحاول في تأمّلاته ألاّ يعير جسده انتباهاً كي يزيد من سموّ فكره. ولم يكترث للسيطرة على حواسّه كما يفعل اليوغيّون، لأنّ غايته هي بلوغ المعرفة. وإذ أخفقت جميع محاولاته، قرّر أن يعيش حياة الزاهدين (بهيكشو). فسخِرَ رفاقُه منه ونعتوه بالجبن لأنّه سيهجر التقشّف القاسي لينعم بعطايا المحسنين. فلم يكترث لسخريتهم، وأخذ كفناً صنع لنفسه منه ثوباً، وصار يتسوّل، فشعر بأنّه يقترب من المعرفة.

- الجهاد الأخير:

ذات مساء، جلس سيدهارتا تحت شجرة تين، بالقرب من قرية أورفِلا. فقدّمت له بنت البستانيّ طبق أرزّ بالحليب أعدّتها لروح الشجرة. فأكل الآرزّ ثمّ قال في نفسه:

- لو كنتُ سأتمكّن اليوم من أن أصير بوذا، فليذهب الطبق بعكس التيّار، وإلاّ فلينجرف معه. ورمى الطبق في الماء فانزلق على سطحه حتّى منتصف النهر، ثمّ شقّ المياه متقدّماً بعكس النيّار كسفينةٍ تدفعها رياح شديدة. ثمّ غاص في دوّامة ماء وسقط على قصر الأفاعي، فارتطم بأطباق سبقوه، واصطفّ بجانبهم. وسمع مارا ملك الأفاعي صوت الارتطام فصاح:

- ماذا؟ بالأمس عاش بوذا وها إنّ آخر قد ولِدّ ؟!

وتربّع سيدهارتا على مقعدٍ من القش ووجهه نحو الشرق، واتّخذ وضعيّة اللوتس وقال:

- حتّى وإن جفّ جلدي، حتّى وإن شُلّت يداي، حتّى وإن تفتّتت عظامي، لن أتحرّك عن هذا المقعد طالما لم أبلغ المعرفة. ودلّى ذراعه اليمنى فلمست راحته الأرض لتكون له شاهداً. وعلم مارا، إله الملذّات وزعيم عالم السمسارا، بما فعله سيدهارتا، فخاف واضطرب اضطراباً شديداً لأنّه لا يريد أن يفلت أيّ حيّ من شريعة الموت والولادة. فجعل يجرّب الرجل الجالس على التبن تحت الشجرة ليمنعه من اكتشاف طريق الخلاص. فأحاط المتأمّل بظلامٍ دامسٍ، ثمّ أمطر عليه حجارة وجمر ورمادٍ وطين، حتّى إنّ الآلهة هربت هلعاً. لكنّ سيدهارتا ظلّ ثابتاً والأرض تشهد له. وعندما انهزم مارا، تهلّلت الآلهة وصاحت: "لقد انهزم مارا، وانتصر الأمير سيدهارتا، فلنحتفل بالنصر". وعانقت الأفاعي الأفاعي، والعصافير العصافير، والآلهة الآلهة، وفاح عبير الورود حول العظيم الجالس على عرش الحكمة.

- البوذا:

وأدرك الساهر المتأمّل في ليلته الأولى جميع حيواته السابقة، وفهم سرّ السمسارا (الولادة المتكرّرة)، فتحرّر منها وأصبح بوذا. وفي الليلة التالية، فهم حالة العالم الحاضرة. وقبل أن ينهي الفجر ليلته الثالثة، عرف تسلسل الأسباب والنتائج فقال:

- ما أتعس هذا العالم! إنّه يشيخ ويموت ثمّ يولد ثانيةً ليشيخ ويموت أيضاً إلى ما لا نهاية... أليس سبب الشيخوخة والموت هو الولادة والرغبة في الولادة؟ إذا قتلنا الرغبة الّتي تقود الكائن من ولادةٍ إلى ولادة، نعيق الولادات الأخرى والآلام الأخرى. وما من وسيلة تقتل هذه الرغبة غير الحياة النقيّة.

- تحريك عجلة القانون:

بعد أن أصبح سيدهارتا بوذا، تساءل هل يعلن ما اكتشفه للناس؟ ألن يسيئون فهمه؟ لو ظلّ صامتاً، لأصبح براتييكا بوذا (اليقظ من أجل نفسه) مثل كثيرين سبقوه. لكنّ الإله براهما تدخّل ورجاه أن ينشر تعاليمه. ففكّر البوذا بالقريبين من الحقيقة ولا يحتاجون إلاّ إلى عونٍ يسير لبلوغها، وشعر بالأرض الّتي يمسّها، وتذكّر صعوبات حيواته الماضية، وقارن بين السلام الأبديّ في الخلاص (نيرفانا) وحبّه للبشر، وقرّر أن يكون بوذا خلاص الناس. فصرخ:

- ليُفتح باب الأبديّة، ومَن له أذنان للسماع فليسمع الكلمة ويؤمن. لقد انشغلتُ بآلامي أيّها البراهما فلم أكشف حتّى الآن الحقيقة للناس.

- موعظة بنارِس:

انطلق بوذا يبحث عن رفاقه الخمسة، فهم أقرب الناس إلى الحقيقة. ووصل إلى بنارِس، فوجدهم مجتمعين في حديقة الغزلان. فسخروا منه حين رأوه،

لكنّهم سرعان ما لاحظوا نوراً يشعّ منه فسجدوا له قبل أن يخبرهم أنّه أصبح بوذا. فألقى عليهم خطبته الشهيرة الّتي سُمّيَت "عظة بنارِس".

أنا القدّيس الكامل، البوذا الأعظم. افتحوا آذانكم أيّها الرهبان واسمعوا لي فقد وجدت الطريق. أيّها الرهبان. على مَن يعيش حياة روحيّة أن يتجنّب تطرّفَين. فما هما؟ الأوّل هو التعلّق بملذّات الحواس وبكلّ ما هو دنيء سافل أرضيّ رديء. فلهذا التعلّق عواقب وخيمة. والثاني هو التعلّق بكلّ ما هو إماتات وإرهاق. فلهذا التعلّق نتائج وخيمة. أيّها الرهبان. لقد تجنّب البوذا هذين التطرّفين واكتشف الطريق الوسط الّذي يمكّن من الرؤية والمعرفة، ويقود إلى السلام والحكمة واليقظة والنيرفانا. فما هو الطريق الوسط الّذي اكتشفه البوذا، والّذي يقود إلى السلام والحكمة واليقظة والنيرفانا؟ إنّه الطريق الضيّق النبيل. أي الفهم الصائب والفكر الصائب والكلام الصائب والعمل الصائب والسلوك الصائب والجهد الصائب والانتباه الصائب والتركيز الصائب. هذا هو، أيّها الرهبان، الطريق الوسط الّذي اكتشفه البوذا، والّذي يسمح بالرؤية والمعرفة، ويقود إلى السلام والحكمة واليقظة والنيرفانا. هذه هي أيّها الرهبان الحقيقة النبيلة عن الألم (دوهخا). الولادة ألم، والشيخوخة ألم، والمرض ألم، والموت ألم. الاتّصال بما لا نحب ألم، والانفصال عمّا نحب ألم، وعدم الحصول على ما نرغب به ألم. باختصار، العناصر الخمسة (سكانذا) كلّها ألم. هذه هي، أيّها الرهبان، الحقيقة النبيلة عن سبب الألم. فالرغبة تسبّب الوجود المتتالي والصيرورة المتتالسة. وللرغبة شراهةٌ عنيفة. فهي تجد ملذّاتها تارةً هنا وتارةً هناك، كالتعطّش للملذّات

الحواس، والتعطّش إلى الوجود والصيرورة، والتعطّش إلى عدم الوجود. هذه هي، أيّها الرهبان، الحقيقة النبيلة عن زوال الألم. إنّه الزوال الكامل للتعطّش، إهماله، التخلّي عنه، التحرّر منه، التجرّد أمامه. هذه هي، أيّها الرهبان، الحقيقة النبيلة عن الطريق الّذي يقود إلى إيقاف الألم. إنّه الدرب الثماني النبيل، أي الفهم الصالح والفكر الصالح والكلام الصالح والعمل الصالح ووسيلة الحياة الصالحة والجهد الصالح والانتباه الصالح والتركيز الصالح. وبعد أن أنهى بوذا كلامه، رسم بعصاه عجلة الحياة (دهارما فاستانا) حيث المراحل الاثنيّ عشرة لعدم الخلود. وقال: في هذه العجلة سماء الآلهة والبشر والحيوانات وأحياء الدرَك الأسفل، والشرارات الّتي تحيي كلّ جسد حيّ قبل أن تثبت في المركز إلى الأبد. وهي تنتقل من حلقة إلى أخرى بحسب الأعمال (كارما). تذكّروا هذا جيّداً. لا تغضبوا من ظروف حياتكم الحاضرة لأنّها عقاب عن الماضي. واعلموا أيضاً أنّ قدَرَكم في المستقبل يتعلّق بنقاوة قلوبكم. إنّها شريعة الكارما (الأعمال) الّتي أعلّمها.

أمضى البوذا خمسين سنة من حياته يعلّم عقيدته، وأسّس جماعةً من الرهبان الرجال أوّلاً ثمّ من النساء. واهتمّ بتعليم أبناء النبلاء (بارهمانا) والمحاربين (كشاتريّا) لأنّهم مثقّفون، وإيمانهم بالسحر والخرافات أقلّ من الطبقات الأخرى. فعاداه الكهنة البراهمانيّون لأنّ عقيدته تنفي دورهم في التوسّط لإيصال الأتمان (الأنا) إلى البراهمان (الطاقة الكونيّة). وهذا من شأنه أن يحرمهم مال التقادم والذبائح. كان البوذا وديعاً يرأف بالمتألّمين. ولم يغضب في حياته إلاّ مرّةً واحدة، حين ادّعى واحد من الرهبان أنّه يفوق البوذا معرفة. فألقى عظةً سمّيت "العظة الناريّة":

يجب إطفاء نار الحياة الدنيا لأنّ كلّ ما في العالم يلتهب بنار الرغبة ونار الحقد ونار الجهل. الولادة والشيخوخة والموت والهموم والتذمّرات والألم والحزن والحبّ الجسديّ ليست إلاّ ألسنة لهب... الأشياء الّتي تراها عيناكَ أيّها البراهمان تلتهب. الأشياء الّتي تسمعها أذناكَ تلتهب. وكذلك الأمر بالنسبة إلى حواسّكَ الخمس وحاسّتكَ الداخليّة. ألا تقرف من حواسّكَ وما تثيره فيكَ من أشياء وانطباعات ومشاعر؟ إذا شعرتَ بالقرف، فاعلم أنّكَ نجوتَ من الشهوات وتحرّرتَ. وافهم حينذاك أنّ الحياة انتهت عندكَ، وأنّ القداسة الّتي تتحدّث عنها ستكتمل. وما خلا ذلك فهو وهم يلتهمكَ. وعاد بوذا، ذات يوم، إلى مسقط رأسه نزولاً عند رغبة أبيه العجوز، ورأى خالته الّتي ربّته وزوجته وابنه رؤولا من دون أن يتأثّر. ثمّ قاد السكّان إلى خرائب قصرٍ ملكيّ وشرح لهم عجلة الحياة، ثمّ نظر إلى الجموع وقال: - ها هي القواعد الخمس لحياتكم اليوميّة. كونوا رؤفاء واحترموا الحياة حتّى في أبسط أشكالها. أعطوا وخذوا بحرّيّة، ولا تأخذوا شيئاً بدون استحقاق. لا تكذبوا البتّة، حتّى في المواقف الّتي يبدو الكذب فيها مسموحاً. تجنّبوا المخدّرات والكحول. احترموا المرأة ولا تقترفوا عملاً جسديّاً غير شرعيّ أو يخالف الطبيعة.

وبلغ بوذا الثمانين من عمره من دون أن تبدو الشيخوخة عليه. وفي أحد الأيّام، شعر بالحمّى تسري في جسده، وعجزت ساقاه عن حمله، فأدرك أنّ أجَلَه قد حان. فجلس في وضعيّة اللوتس وقال للتلاميذ حوله: - ليس في العوالم المرئيّة وغير المرئيّة إلاّ قدرة واحدة لا بداية لها ولا نهاية. لا شريعة

لها إلاّ شريعتها. لا تميّز ولا تحقد. تقتل وتخلّص ولا هدف لها إلاّ تحقيق القدَر. الألم والموت مكّوك مهنتها، والحبّ والحياة ولداها. لا تسعوا إلى قياس ما لا يُقاس بالكلمات، ولا إلى التعمّق في التفكير بما لا يُدرَك. السائل يخطئ والمجيب يخطئ. لا تنتظروا شيئاً من آلهةٍ عديمة الرحمة، تخضع هي أيضاً لشريعة الكارما. تولَد وتشيخ وتموت لتولد ثانية، ولا تستطيع أن تتفادى آلامها. اعتمدوا على ذواتكم، ولا تنسَوا أنّ الإنسان يصنع سجنه بنفسه، وأنّ كلّ واحد يستطيع أن ينال تفوق قوّة الأندرا. وسالت الدموع في عينيّ عناندا، ابن عمّه وتلميذه الّذي رافقه طوال أيّام حياته التبشيريّة. فصوّب المعلّم سبّابته نحوه وقال: – ويحك. أتشعر بالألم على الرغم من كلّ ما علّمتُكَ إيّاه؟ أيصعب كثيراً على الإنسان أن يتخلّى عن جميع آلامه؟ لا تبالغ يا عناندا. فالحياة نزاع طويل، وما هي إلاّ ألم. حين يبكي المولود عند ولادته فهو محق. إنّها الحقيقة الأولى. أمّا الثانية فهي أنّ الرغبة تسبّب الألم. يعشق الإنسان ظلالاً ويتيه بالأحلام. ويغرس في مركز كيانه "أنا" زائفة. ويشيد عالماً خياليّاً حولها. لكنّه يهلك عندما يفارق الحياة، لأنّه ارتوى من شرابٍ سامّ، فيولد ثانيةً مع رغبةٍ شديدة للشرب مرّة أخرى. أمّا ثالث حقيقة فهي إمكانيّة زوال الألم. لا تستطيع أن تبلغها يا عناندا إلاّ إذا تغلّبتَ على جميع أنواع الحبّ فيكَ، ونزعتَ الشهوات نهائيّاً من قلبكَ. عندئذٍ تعيش أسمى من الآلهة. اسمع الحقيقة الرابعة جيّداً، فهي طريق خلاص له ثمانية دروب. إحرص أوّلاً على الكارما الّتي تصنع مصيركَ في المستقبل. لا يكن لديك إلاّ مشاعر خالية من الإهمال والنهم والغضب. احرُس شفتيكَ وكأنّهما باب قصر يسكنه ملك، واحرص على ألاّ يخرج منهما أيّ دنس. وفي آخر الأمر، ليكن كلّ عملٍ من أعمالكَ هجوماً على الخطأ

أو مساعدة لمن يستحقّ النمو. هذه هي الدروب الأربعة الأولى. ألا تظنّ أنّه بوسع كلّ إنسانٍ أن يسلكها؟ وحين تتغلّب الكبرياء والإيمان الكاذب والشكّ والحقد والشراهة، وتولد مرّةً أخرى، تستطيع في حياتكَ التالية أن تسلك في الدروب الأربعة الباقية وهي: النقاوة المستقيمة والفكر المستقيم والخلوة المستقيمة والانخطاف المستقيم. فتصبح أهلاً لقهر رغبتكَ في الحياة على الأرض، ورغبتكَ في كسب السماء، وأخطاءكَ خصوصاً الكبرياء، لأنّكَ تقدّمتَ في طريق القداسة. حينئذٍ تكون قريباً جداً من النيرفانا. وشعر البوذا بألمٍ في بطنه، فاستلقى وأشار بيده ليصرف الجمع وقال: -انظروا إلى جسد بوذا. كلّ ما هو مركّب مصيره الخراب... تابعوا مسيرتكم باعتدال. وانطفأ البوذا.

7 - Vasudeva فاسوديفا المراكبى

الفصل 8

محمد محمود يوسف

قراءة في كتابات هيرمان هيسى

محمد محمود يوسف

مراجع

Books by Hermann Hesse:

1- Peter Camenzind
2- Beneath the Wheel
3- The Journey to the East
4- Siddhartha
5- Poems
6- Wandering
7- If the War goes on
8- Demian
9- Narcissus and Goldmund
10- The Glass Bead Game
11- Steppenwolf
12- Soul of the Age

Franz Kafka: The complete stories.

هيرمان هيسى ولد في ألمانيا عام 1877، ولاحقا أصبح مواطنا سويسرا. تأثر تأثيراً عميقا بالتصوف الشرقي. كتب الروايات والقصص والمقالات تحمل قوة روحية حيوية و التي أسرت خيال وولاء أجيال عديدة من القراء. في عام 1946، حصل على جائزة نوبل. وتوفي في عام 1962.

Hermann Hesse